# L'ÉCOLE DES PÈRES,

## COMÉDIE EN CINQ ACTES,

### EN VERS;

### ET

## LES AMIS A L'ÉPREUVE,

### COMÉDIE EN UN ACTE,

### EN VERS CROISÉS.

---

Le prix des deux Pièces est de 2 liv. 8 sous.

---

# L'ÉCOLE DES PÈRES

COMÉDIE EN CINQ ACTES, EN VERS,

## PAR M. PIEYRE,

DE L'ACADÉMIE ROYALE DE NÎMES;

Représentée pour la première fois, par les Comédiens François, le 1er. Juin 1787.

A PARIS,

Chez Debure l'aîné, Libraire de la Bibliothèque du Roi et de l'Académie des Inscriptions, hôtel Ferrand, rue Serpente, N°. 6.

M. DCC. LXXXVIII.

AVEC APPROBATION, ET PRIVILÉGE DU ROI.

————————————————————

# A SON ALTESSE SÉRÉNISSIME

## MONSEIGNEUR

# LE DUC DE CHARTRES.

M ONSEIGNEUR,

*LE secret de vos rares qualités est encore ren-*
*fermé entre peu de personnes ; mais bientôt elles*
*seront l'objet de l'admiration générale, et l'on verra*
*que ce n'est pas la flaterie qui a cherché à placer*

A iij

votre nom à la tête de cet Ouvrage. J'ai vu chez un Prince de quatorze ans, de l'esprit, de la raison, des connoissances qu'on ne trouve point à cet âge, et une bonté, une sensibilité, auxquelles l'élévation du rang ajoute un charme bien puissant : j'ai vu tous les dons de la nature perfectionnés par la plus heureuse éducation ; et j'ai ambitionné d'être le premier à leur rendre un hommage public, à annoncer ce que tant d'autres vont louer plus dignement. Cette faveur que j'ai obtenue, couronne le succès de ma Comédie. Elle a eu la gloire de plaire à votre esprit délicat ; elle a porté quelques douces émotions dans votre ame sensible ; et le nom de votre ALTESSE SÉRÉNISSIME, dont il m'est permis de la décorer, va attirer sur elle les regards de la France, avide de connoître un rejeton du meilleur de ses Rois. Ce portrait, fidèle expression de la vérité, lui montrera quelles hautes espérances elle doit concevoir de l'héritier d'un sang qui lui fut toujours si cher. Je ne vous flatte point, MONSEIGNEUR : celle qui veille sur vous ne le permettroit pas ; mais après vous avoir rendu digne des plus grandes louanges, elle laisse parvenir celles-ci jusqu'à votre oreille, pour vous enflammer du désir de ne les démentir jamais. Elles fixent le sort de mon Ouvrage. Cette Dédicace suffira pour le sauver de l'oubli. Ceux qui auront admiré le long cours de vos vertus, aimeront à *remonter jusqu'à leur source : ils rechercheront avec empressement tout ce qui pourra leur retracer vos premières années; mais de quelque éclat que brille votre aurore, vous les forcerez sans doute à reconnoître que celui de votre vie entière aura surpassé même tout ce qu'on avoit droit d'espérer.*

*Je suis avec respect,*

MONSEIGNEUR,

DE *Votre Altesse Sérénissime,*

Le très-humble et très-
obéissant serviteur,
PIEYRE.

# ACTEURS.

| | |
|---|---|
| COURVAL. | M. Vanhove. |
| M.<sup>de</sup> COURVAL. (*a*) | M.<sup>lle</sup> de Vienne. |
| SAINT-FONS, fils de Courval. | M. Fleury. |
| ROSALIE, fille de Courval. | M.<sup>de</sup> Petit. |
| DORSINI, (*b*) | M. Saint - Fal. |
| DERMONT père, ami de Courval. | M. Desessarts. |
| DERMONT fils, ami de Saint-Fons. | M. Dunant. |
| MARCELIN, ancien domestique. | M. Dugazon. |
| ANDRÉ, laquais. | M. Champville. |

La scène est dans un port de mer.

AVIS POUR LA PROVINCE.

(*a*) Ce Rôle appartient au premier emploi et ne doit point être joué par une Soubrette.

(*b*) Ce Rôle doit être joué par le premier Acteur.

# L'ÉCOLE DES PÈRES,

## COMÉDIE.

## ACTE PREMIER.

## SCÈNE PREMIÈRE.

### DORSINI, ANDRÉ.

DORSINI.

Quoi ? Madame Courval. . . .

ANDRÉ.

Elle fait quelque emplette.

DORSINI.

Au mois d'août, à midi ! la folie est complette.
Sa belle-fille au moins pourra me recevoir ?

ANDRÉ.

Mademoiselle est seule, et Monsieur doit savoir
Qu'elle n'a pas coutume. . . . .

DORSINI.

Et Saint-Fons ?

ANDRÉ.

Pour son frère,
Quand son père est absent, nous ne le voyons guère,
Et depuis avant-hier.....

DORSINI.

Vous pouvez me laisser.

---

# SCÈNE II.

---

## DORSINI seul.

Je n'espère qu'en lui pour me débarrasser
Des créanciers pressans dont la foule m'assiége,
Il faut qu'il m'en délivre; et sans doute le piége
Qu'on lui tendit hier le rendra généreux.
Une maîtresse adroite, un jeune homme amoureux,
Avec de tels appuis, il n'est rien qu'on ne gagne.

---

# SCÈNE III.

## DORSINI, DERMONT fils.

---

DORSINI.

Fort bien; vous avez su l'époux à la campagne
Et......

DERMONT fils.

Dorsini jamais......

DORSINI.

   Le voilà donc parti.
De ces heureux momens sachons tirer parti,
Et dans cette maison où règne l'opulence,
Rassemblons les plaisirs, charmés de son absence;
Il me hait, le cher homme, assez complettement,
Et voudroit fort ici me voir plus rarement;
Sous ses fausses douceurs, sous sa gaîté traîtresse,
Je vois bien que chez lui ma présence le blesse.
Ces huit jours sont à nous... Mais vous semblez rêveur.
La Dame du logis.... j'y reviens; j'ai grand peur......

DERMONT.

Non, non, rassurez vous.

DORSINI.

   Je vous en crois capable.
Madame de Courval est belle, jeune, aimable......

DERMONT.

Aimable .... si l'on veut; jeune, sans contredit,
On n'en sauroit douter, sa conduite le dit.

DORSINI.

Il est, mon cher Dermont, ridicule à votre âge
De faire le Caton, et de fronder l'usage.
Quel est enfin son tort? se voyant sans enfans,
Du bien, de la beauté, tout au plus vingt-cinq ans,

Elle cherche à jouir, à s'amuser, à plaire;
Voyez donc le grand mal! veut-on qu'elle s'enterre,
Qu'elle renonce à tout, pour vivre tristement
Auprès d'un vieux mari, personnage assommant?
N'est-il pas trop heureux qu'une femme agréable
Veuille bien quelquefois présider à sa table,
Et faisant les honneurs d'une bonne maison
Y fixe le plaisir et les gens du bon ton?

DERMONT.

Je crois connoître assez quel est son caractère,
Pour juger que ce ton ne doit pas trop lui plaire,
Et qu'il aimeroit mieux plus de simplicité,
Que tant d'amour du monde et de frivolité.
Chevalier, du vivant de sa première femme,
Etiez vous à Bordeaux?

DORSINI.

Non.

DERMONT.

C'étoit une Dame
Du plus rare mérite: elle savoit unir
Les graces aux vertus, le devoir au plaisir;
Il fut toujours pour elle au sein de sa famille:
Elle aimoit son époux; elle éleva sa fille;
Cet esprit délicat, ce jugement exquis,
Ces talens, sont l'effet des soins qu'elle en a pris.

DORSINI.

Dermont!...

DERMONT.

Monsieur Courval doit souffrir du contraste
Celle-ci dissipée, aime l'éclat, le faste ;
Elle est honnête au fond, le cœur n'est pas gâté ;
Mais que d'étourderie, et de légéreté !

DORSINI.

Quel feu vous avez mis en louant Rosalie !

DERMONT.

Moi !

DORSINI.

Je commence à croire....Elle est jeune et jolie ;
Et dans cette maison je vous vois plus souvent,
Depuis deux ou trois mois qu'elle est hors du couvent.

DERMONT.

J'y suis toujours venu de la même manière ;
Dès mes plus jeunes ans je suis ami du frère :
Nos pères sont liés.........

DORSINI.

Fort bien ! raison de plus.

DERMONT.

Vous pensez........

DORSINI.

Elle aura mieux de cent mille écus.
Cela vaut bien........

DERMONT.

>Qui, moi! songer au mariage,
Et de ma liberté vouloir perdre l'usage?
Non, j'ai peur des regrets; je redoute des nœuds,
Qui pour quelques beaux jours, en ont tant de fâcheux;
Voilà Saint-Fons.

---

# SCÉNE IV.

---

## DORSINI, SAINT-FONS, DERMONT fils.

SAINT-FONS à Dermont.

>Enfin cher ami je te trouve
Rien ne peut égaler la peine que j'éprouve.
Le malheur me poursuit, et je n'ai plus que toi
Qui puisses me sauver.

DERMONT.

>Tu dois compter sur moi.

DORSINI,

( à part. )               ( haut. )
Le coup a réussi. Qu'est-ce? tu m'inquiètes:
Ne me diras-tu point......

SAINT-FONS.

>Oui, mes amis, vous êtes
Ce que j'ai de plus cher: vous allez tout savoir;
C'est en votre secours que je mets mon espoir,
Dermont, c'est toi sur-tout qui pourras m'être utile.

DERMONT.

Parle, mon amitié me rendra tout facile.

DORSINI.

De mon côté, Saint-Fons, si du peu que je puis....

SAINT-FONS.

Je le crois; sachez donc l'embarras où je suis.
Hier, après-dîné, retournant chez Julie,
Qui fait depuis deux mois le charme de ma vie,
Au lieu de la gaîté qu'elle avoit le matin,
Je vois dans ses regards des marques de chagrin :
Je veux l'interroger, et sa bouche est muette;
Mais de son déplaisir ses yeux sont l'interprète :
Elle cachoit les pleurs dont ils étoient noyés.
« Chère amie, ai-je dit, me jetant à ses pieds,
« Parlez à votre amant, dissipez ses alarmes. »
Je pressois ses genoux, les baignois de mes larmes;
Elle ne répond rien, elle gémit.... et moi
Je me lève, je marche, éperdu, plein d'effroi :
J'étois dans un état.... difficile à vous peindre ;
De mon désordre alors commençant à tout craindre :
Vous le voulez, dit-elle ; eh bien! sachez mes maux,
Lisez. Je prends, je lis, et je trouve ces mots :
( Il lit. )
« Je perds à la fin patience :
« Si mes trois cents louis demain ne sont payés,
« J'ai contre vous une sentence,
« Et demain les sergens vous seront envoyés. »

DORSINI.

On n'a jamais écrit une lettre aussi dure.
Qu'as-tu fait cependant après cette lecture ?

SAINT-FONS.

Je m'occupai du soin de calmer sa douleur;
Je crus d'un juste espoir pouvoir flatter son cœur,
Ne doutant point alors qu'il ne me fût facile,
Vu le nombre d'amis que j'ai dans cette ville,
De la tirer bientôt d'un pareil embarras :
Mais je n'ai fait encore que d'inutiles pas.
Conçoit-on le sujet de cette défiance ?

DERMONT.

Tu dois beaucoup, tu fais une grosse dépense :
Ta mère étoit sans bien. J'ai cinquante louis ;
Ils sont à ton service.

SAINT-FONS refusant la bourse.

Ah ! Dermont !

DORSINI.

Je ne puis
T'offrir un grand secours, et c'est de quoi j'enrage.
Quand j'aurai recueilli le tardif héritage
Qu'un oncle avare et vieux, mais lent à trépasser,
Doit à la Martinique un beau jour me laisser ;
Lorsque je jouirai de toute ma fortune,
Entre nous, chers amis, elle sera commune,
Et vous verrez alors , si je saurai payer
Des bienfaits que jamais je ne dois oublier.

SAINT-FONS.

Mais ce soir, Dorsini, ce soir le terme expire.....
Voici, mon cher Dermont, ce qui vers toi m'attire.
Tu dois aussi ; tu m'as entretenu souvent
D'un

D'un ami de ton père, homme honnête, obligeant,
Qui t'a dans le besoin......

DERMONT.

J'y vais de ce pas même,
Tu peux t'en reposer sur un ami qui t'aime.
J'ai voulu t'affranchir de ce honteux lien ;
L'amitié, la raison, tu n'as écouté rien.
Il faut t'aider, j'y cours.

DORSINI.

Cette conduite est belle.

DERMONT.

Je vais pour te servir employer tout mon zèle ;
Viens au Club, tu pourras en apprendre l'effet.

---

# SCÈNE V.

## DORSINI, SAINT-FONS.

---

SAINT-FONS.

Ah ! quel cœur ! quel ami !

DORSINI.

J'en suis très-satisfait,
Je trouve son commerce aussi sûr qu'agréable,
Et j'ai pour sa personne une estime incroyable.

B

SAINT-FONS.

Il la mérite.

DORSINI.

On peut lui trouver cependant
Le ton un peu censeur , même presque pédant.

SAINT-FONS.

Avec tant de vertus.....

DORSINI.

Oh ! je lui rends justice.
Ce dernier trait sur-tout.....

SAINT-FONS.

Crois-tu qu'il réussisse !

DORSINI.

Mais.....

SAINT-FONS.

S'il n'obtenoit rien.........

DORSINI.

Je pourrois , en ce cas...
T'indiquer un moyen pour sortir d'embarras.

SAINT-FONS.

Que tu t'acquiers de droits à ma reconnoissance !
C'est par toi , cher ami , que j'eus la connoissance
De cet objet charmant ; je te dois mon bonheur :
Ajoute à tes bienfaits , deviens son protecteur ;
Dis-moi , pour la sauver , ce que je pourrois faire.

### D O R S I N I.

Il te faut.... emprunter cette somme à ton père.

### S A I N T - F O N S.

Voudra-t-il me donner jusqu'à trois cents louis ?

### D O R S I N I.

Bon.... nous ne prendrons pas là-dessus son avis.

### S A I N T - F O N S.

Je ne te comprends point.

### D O R S I N I.

Faut-il que je m'explique ?
J'entrevois pour sortir de cet état critique,
Pour en sortir bientôt, un moyen.... que voici :
Ton père a surement une personne ici
De tous ses intérêts chargée en son absence,
Et mieux que moi tu dois en avoir connoissance ;
Cet homme est un notaire, un commis, un caissier.
Quel qu'il puisse être enfin il faut l'aller prier
De te prêter....

### S A I N T - F O N S.

Jamais il ne voudra m'entendre ;
Au retour de mon père il craindroit.....

### D O R S I N I.

Daigne attendre.
Il est à la campagne ; il ne doit arriver
Que dans huit jours ; et moi je te ferai trouver,
Je te procurerai vendredi cette somme.

B ij

SAINT-FONS.

Pourquoi pas tout de suite?

DORSINI.

En ce moment mon homme
Est malheureusement à la campagne aussi ;
Mais il revient demain, et je te donne ici
Ma parole d'honneur qu'il fera ton affaire ;
Puis le vide rempli, je défîrois ton père
De soupçonner...

SAINT-FONS.

Dermont m'a promis son appui ;
Dermont peut me servir, et je compte sur lui.
Voici ma belle-mère.

---

# SCÈNE VI.

## DORSINI, SAINT-FONS, M<sup>de</sup> COURVAL.

M<sup>de</sup> COURVAL.

Ou courez-vous si vîte ?
Demeurez un moment.

SAINT-FONS.

Il faut que je vous quitte.

M<sup>de</sup> COURVAL.

Non je veux....

SAINT-FONS.

Je ne puis.

---

## SCÈNE VII.

---

### M<sup>de</sup> COURVAL, DORSINI.

#### M<sup>de</sup> COURVAL.

( à Dorsini. )

Bonjour. — Je suis, Monsieur,
Bien aise de vous voir.

#### DORSINI.

Votre humble serviteur.
Mais, Madame, quelle est la chose si pressante
Qui de si grand matin....

#### M<sup>de</sup> COURVAL.

Affaire intéressante ;
C'est pour voir des chapeaux arrivés de Paris.
Le choix m'embarrassoit ; que n'ai-je eu votre avis ?
On vous connoît du goût.

#### DORSINI.

Je puis, sans modestie,
M'en croire infiniment, vous trouvant accomplie.

#### M<sup>de</sup> COURVAL.

Ah ! vous êtes flatteur !

B iij

### DORSINI.

L'aisance du maintien,
Un talent décidé pour se mettre très-bien,
Voilà pour le dehors que la grace décore ;
Celle de votre esprit est au dessus encore.
Et....

### M<sup>de</sup> COURVAL.

Gardez vos douceurs pour un plus digne objet.
Rosalie....

### DORSINI.

A propos, parlons-en, s'il vous plaît.
Ne finirons-nous rien ? Dites-moi sans mystère
S'il faut que j'y renonce, ou que je persévère ?
Cette aimable personne a connu mon amour :
Ne veut-elle jamais me payer de retour ?
Aimer sans espérance est un cruel martyre.

### M<sup>de</sup> COURVAL.

S'il faut vous parler vrai, votre amour me fait rire.
Vous ! de l'amour ! allons, convenez avec moi
Que sa dot est l'objet....

### DORSINI.

Mais, Madame, je crois
Que même à vos côtés, on peut la trouver belle.

### M<sup>de</sup> COURVAL.

Pour moi, je ne vois pas ce qu'on admire en elle ;
La fraîcheur du moment, sans régularité,
Un air gauche d'ailleurs, un maintien emprunté.

### DORSINI.

Sur elle à cet égard vous l'emportez de reste.

M<sup>de</sup> C O U R V A L.

Elle est embarrassée, et croit être modeste.

D O R S I N I.

Il est vrai.

M<sup>de</sup> C O U R V A L.

Mais enfin, comptez sur tous mes soins
Pour vous en faire aimer.... pour l'épouser du moins.
Homme de qualité, j'entends qu'on vous préfère..
Laissez-moi seulement ménager cette affaire
Près de monsieur Courval ; il a l'esprit bourgeois,
Et je crains....

D O R S I N I.

Si le bien peut décider du choix,
J'attends un jour d'un oncle une fortune immense ;
Il le sait comme vous, mais.... quelquefois je pense
Que Dermont....

M<sup>de</sup> C O U R V A L

Vous croyez ?

D O R S I N I.

Franchement j'en ai peur :
Mille choses ici parlent en sa faveur ;
Et même... il me paroît, qu'auprès d'elle il oublie,
Et son indifférence, et sa philosophie :
Ses regards, ses discours me laissent peu douter.....

M<sup>de</sup> C O U R V A L.

Soyez tendre, pressant, vous devez l'emporter.
Vous avez de l'usage et de l'expérience ;

Déployez donc ici toute votre science.
Voulez-vous maintenant avoir un entretien ?
On ira l'appeler.

D O R S I N I.

Vraiment, je le veux bien.
Madame C O U R V A L appelant.
André..... j'ai fort à cœur qu'un nœud si doux nous lie.
Votre société....

---

## S C È N E  V I I I.

M<sup>de</sup> COURVAL, DORSINI, ANDRÉ.

---

M<sup>de</sup> C O U R V A L à André.

Dites à Rosalie
Que je désirerois qu'elle vînt un moment.

---

## S C È N E  I X.

M<sup>de</sup> COURVAL, DORSINI.

---

D O R S I N I.

Ce qui me plaît sur-tout dans cet engagement,
Madame, c'est qu'il va me donner l'avantage
De vous appartenir, de vous voir davantage;
Mais la voici.

# SCÈNE X.

## M<sup>de</sup> COURVAL, ROSALIE, DORSINI.

DORSINI *allant au-devant d'elle.*

Pourquoi nous cacher tant d'attraits ?
D'où vient cette retraite ? Ah ! ces yeux sont-ils faits
Pour être condamnés à l'étude, à l'ouvrage ?
N'en connoissez-vous pas un plus charmant usage ?
Quand leur éclat....

ROSALIE.

Madame, on m'a de votre part
Commandé de venir.

DORSINI.

Quoi ! pas même un regard !

M<sup>de</sup> COURVAL *à Rosalie.*

On répond.

DORSINI.

Cet accueil a droit de me confondre.

ROSALIE.

Je crois qu'en pareil cas se taire, c'est répondre.

M<sup>de</sup> COURVAL.

Et vous croyez fort mal : se taire en pareil cas,

C'est montrer du mépris , ou bien de l'embarras.
Vous pensez tout savoir ; mais pour apprendre à vivre,
Il faut étudier ailleurs que dans un livre.

R O S A L I E.

Ne m'avez-vous , Madame, ici fait appeler
Que dans l'intention...

M<sup>de</sup> C O U R V A L.

     Non ; c'est pour vous parler
Sur un sujet qui va vous radoucir , je gage ;
Sujet, du moins, qui plaît à celles de votre âge :
De mon attachement , c'est pour vous faire foi.
Souvent vous me boudez , et je ne sais pourquoi ;
Car je me sens pour vous une amitié de mère :
Vous allez en juger. Je vois que votre père
N'est pas fort occupé du soin de vous pourvoir ;
Son dessein seroit même , et j'ai cru l'entrevoir,
Qu'un désir de couvent se glissât dans votre ame ,
Pour faire de Saint-Fons....

R O S A L I E.

     Ah ! croyez-moi , Madame,
A de tels sentimens , son cœur est étranger;
Il m'est assez connu pour en pouvoir juger.
Entre mon frère et moi partageant sa tendresse ,
Notre bonheur commun l'occupe et l'intéresse.

M<sup>de</sup> C O U R V A L apercevant Dermont fils.

Je le crois comme vous, mais..... dans un autre instant
Nous traiterons à fond ce chapitre important.

D O R S I N I à demi voix.
( Pendant que Rosalie et Dermont se saluent. )

Il vient mal à propos.

# SCÈNE XI.

## M<sup>de</sup> COURVAL, DERMONT fils, DORSINI.

DERMONT à lui-même.

JE me trouble à sa vue.
Mon cœur mal défendu....

M<sup>de</sup> COURVAL.

Monsieur, je vous salue.

DORSINI bas à Dermont.

Eh bien? qu'a pour Saint-Fons produit votre secours?

DERMONT bas à Dorsini.

Rien, mon homme est absent pour dix à douze jours.

DORSINI à part.

Cela m'arrange peu.

M<sup>de</sup> COURVAL.

Causer tout bas ensemble,
Messieurs; cela n'est pas trop poli, ce me semble.

DORSINI à Madame Courval.

Pardon, mais avec lui je voulois m'occuper
Des plaisirs de ce soir : arrangeons un souper,
Faites prier Chloé, Lucile et la Marquise.

M<sup>de</sup> C O U R V A L.

Je ne saurois, je soupe aujourd'hui chez Orphise.

D O R S I N I.

Chez Orphise? eh bon Dieu! qu'allez-vous faire là?
Vous plaisantez, sans doute, en nous disant cela.

M<sup>de</sup> C O U R V A L.

Il m'a fallu promettre, Orphise est ma parente;
J'ai refusé vingt fois, mais....

D O R S I N I.

On refuse trente.

D E R M O N T.

J'ai cru qu'à des égards nos parens avoient droit.

D O R S I-N I.

Quand ils sont ennuyeux, jamais on ne les voit;
Et l'ennui seul préside aux soupers qu'elle donne:
On y médit fort peu, l'on n'y raille personne,
Et l'heureux calembourg, chef-d'œuvre de l'esprit,
Si bien venu par-tout est chez elle proscrit.
Là, pour tout entretien, morale ou politique :
Pour tout plaisir le wisk de quelque femme antique.
S'il en est une à qui l'on puisse s'adresser,
Et que près d'elle à table on veuille se placer;
Vous voyez aussitôt avec un front sévère
Se glisser entre vous ou l'époux ou la mère;
Il faut vous dégager, c'est une trahison
Que de nous préférer cette triste maison.

M<sup>de</sup> C O U R V A L.

Il est certain....

## SCÈNE XII.

Mᵈᵉ COURVAL, ANDRÉ, DERMONT fils,
DORSINI.

ANDRÉ.

Madame....

Mᵈᵉ COURVAL.

Eh bien?

ANDRÉ

Monsieur arrive,
Il descend de voiture.

(Il sort.)

## SCÈNE XIII.

Mᵈᵉ COURVAL, DERMONT fils,
DORSINI.

DORSINI.

Oh! ma foi, je m'esquive.

Mᵈᵉ COURVAL.

Eh pourquoi, s'il vous plaît? Qu'en appréhendez-vous?

DORSINI.

J'ai de l'éloignement pour les maris jaloux.

M<sup>de</sup> C O U R V A L.

Non , non , monsieur Courval n'a rien qui leur ressemble.

D O R S I N I.

Je sais qu'il n'aime pas que nous soyons ensemble.

M<sup>de</sup> C O U R V A L.

Qu'il l'aime ou non , pourquoi vous en inquiéter ?
Vraiment c'est bien son goût qu'il nous faut consulter.

D O R S I N I.

Me trouver le matin....

M<sup>de</sup> C O U R V A L.

Demeurez , je l'ordonne.
Et quant à vous Monsieur....

D E R M O N T.

Moi je ne fuis personne.
D'ailleurs, Monsieur Courval m'a toujours......

M.<sup>de</sup> C O U R V A L.

Le voic.

# SCÈNE XIV.

## M^de COURVAL, M. COURVAL, DERMONT, DORSINI, ANDRÉ.

C O U R V A L *entrant avec gaieté.*

(Il donne sa canne et son chapeau à André qui sort).

Bonjour. Eh bien ! comment va tout le monde ici ?
Ah, Messieurs, excusez.

D O R S I N I.

Vous vous moquez je pense.

C O U R V A L *à sa femme lui prenant la main.*

Comment vous portez vous depuis trois jours d'absence ?

M^de C O U R V A L.

Mais....... Assez bien.

C O U R V A L *à Dorsini.*

Monsieur, je suis votre valet.

(à Dermont)                    (à sa femme)
Touchez-là, mon ami..... Dites-moi, s'il vous plaît,
La santé de mon fils, de ma fille ?

M^de C O U R V A L.

Est fort bonne.

Mais vous-même, Monsieur ? car ce retour m'étonne ;
Vous deviez être absent une semaine au moins.

CO U R V A L.

C'étoit bien mon projet en partant ; néanmoins
Ces deux jours m'ont suffi pour finir toute affaire.

D E R M O N T.

J'en vais donner, Monsieur, la nouvelle à mon père.

C O U R V A L.

Non, j'enverrai quelqu'un, vous restez avec nous.
(à Dorsini.)
Monsieur, l'on peut, sans doute, aussi compter sur vous

D O R S I N I.

Tout comblé que je suis de cet honneur extrême,
Je n'en puis profiter.

C O U R V A L.

Tant pis.

D E R M O N T.

Et moi de même.

C O U R V A L, toujours à Dorsini.

Vous trouvant à présent, j'ai pu m'imaginer
Que Madame vouloit vous garder à dîner.

M<sup>de</sup> C O U R V A L.

Ces Messieurs sont venus....

C O U R V A L. à Dorsini.

Sans doute, et l'on demeure
Sans façon chez les gens qu'on visite à cette heure.

DORSINI.

DORSINI.

(à part)

Vous êtes trop honnête..... O le vieillard malin

COURVAL à Dorsini.

Ce sont les vrais amis qu'on va voir le matin ;
Et je suis très-flatté......

M<sup>de</sup> COURVAL.

J'ai ma toilette à faire,
Ces messieurs voudront bien me permettre, j'espère....
(Elle sort.)

DORSINI.

Non, c'est nous qui plutôt......

---

# SCÈNE XVI.
COURVAL, DERMONT fils, DORSINI.

COURVAL.

Partir si brusquement !

DORSINI.

Il est tard ; j'ai, Monsieur, certain engagement.

COURVAL.

( à Dorsini. )        ( à Dermont en lui serrant la main. )
Adieu donc. — Au revoir.

DORSINI.

Pourquoi nous reconduire ?

C

CENTER: COURVAL.

Monsieur le Chevalier, oh! vous avez beau dire,
A des gens tels que vous, je sais ce que je dois.

DORSINI.

Je ne souffrirai pas....

COURVAL.
J'obéis.

# SCÈNE XVII.

COURVAL, seul.

Oui, je vois
Qu'il est tems à la fin que j'y porte remède :
Appelons cependant la prudence à notre aide.
Malgré tous mes avis sur cette liaison,
Dorsini chaque jour fréquente ma maison ;
Voyons pour l'en chasser le parti qui me reste
Mais évitons l'éclat.... moyen toujours funeste.

FIN DU PREMIER ACTE.

# ACTE SECOND.

## SCENE PREMIERE.

CO U R V A L seul. ( En habit de ville. )

C'est assez différer ; oui Monsieur Dorsini,
De ces lieux à la fin je veux vous voir banni.
Vous troublez le repos de toute une famille;
Vous dérangez mon fils, et je vois qu'à ma fille...

## SCÈNE II.

### MARCELIN, COURVAL.

MARCELIN.

J'ai reçu de l'argent de deux ou trois côtés,
Il est dans le bureau, les sacs étiquetés;
Voilà la clef. D'ailleurs sur d'objet du notaire...

COURVAL.

Dans un autre moment nous parlerons d'affaire.
Eh quoi ! même à dîner je ne vois pas mon fils !

MARCELIN.

A ne vous rien celer, il a hors du logis

Passé complè tement, et cette nuit, et l'autre ;
Mais, Monsieur... c'est bien moins sa faute que la vôtre.

COURVAL avec surprise.

Marcelin !

MARCELIN.

Puisqu'enfin le mot en est lâché,
Dussé-je vous déplaire et vous en voir fâché,
Je vous veux là-dessus dire ce que je pense.

COURVAL lui prenant la main.

Dis-moi tout, mon ami ; parle avec confiance.
Je connois ton bon sens et ton attachement ;
Je sais que mon repos te touche fortement ;
Des anciens serviteurs digne et parfait modèle,
Tu m'as donné cent fois des preuves de ton zèle :
Ta franchise jamais ne pourra m'offenser.
Ce qui part d'un bon cœur est-il fait pour blesser ?

MARCELIN.

Que je me trouve heureux de servir un tel maître !

COURVAL.

Eh bien, quel est mon tort, fais-le moi donc connoître ?

MARCELIN.

Puisque vous désirez savoir mon sentiment,
Je le vais devant vous expliquer librement.
Voici donc, prenant part à ce désordre extrême,
Ce que je me suis dit plusieurs fois à moi-même :
Que monsieur de Saint-Fons, jeune homme de vingt ans,
Voyant son père riche, avec deux seuls enfans,
Se livre à ses plaisirs, emprunte, et joue, et mange ;
Sa conduite n'a rien qui me paroisse étrange :
C'est l'usage commun des enfans d'aujourd'hui,

Et l'on en voit beaucoup faire encor pis que lui.
Que madame Courval préfère en son bel âge
Les soins de sa toilette à ceux de son ménage,
Ne rentre qu'au matin, reçoive mille gens,
Evite son mari, sourie aux courtisans;
Je n'en suis pas surpris :... c'est la dernière mode.
Mais, que monsieur Courval se montre assez commode
Pour supporter en paix ce train dans sa maison;
Qu'un homme renommé pour l'esprit, la raison;
Qu'un homme de bon sens, et que pour tel on cite,
Homme d'un âge mur, d'un rare et vrai mérite,
Puisse d'un œil serein, et du plus grand sang-froid,
Tolérer si long-temps les désordres qu'il voit :
Voilà ce qui me passe, et je ne puis connoître
Ce qui l'empêche ici de se conduire en maître.

COURVAL.

Me crois-tu donc aveugle, ou si fort prévenu,
Que je ne puisse voir le mal qui t'est connu ?
T'aperçois-tu d'ailleurs que chez moi l'esprit baisse
A tel point, que l'on doive imputer à foiblesse
Le flegme que je montre et le calme où je vis ?
Tu me connois ; tu sais, Marcelin, si j'ai pris
Des partis décidés dans mainte circonstance.
Ici je les redoute, et la sage prudence
A des moyens plus lents qu'elle sait m'inspirer.
Hors de cette maison, rien ne doit transpirer.
Le mal, sans doute, est grand, mais non pas incurable;
Un éclat de ma part le rend irréparable :
La réputation qu'à grand'peine on acquiert,
Par une seule atteinte en un instant se perd.
Si je souffre au-dedans, au-dehors on l'ignore;

C iij

Quand je ne me plains point, on peut douter encore.
Mais si contre les miens j'use d'autorité,
Le coup à leur honneur sans remède est porté.
Lorsque j'ai ce matin rencontré chez ma femme
Ce monsieur Dorsini qui me déplaît dans l'ame,
Et sur lequel souvent j'ai donné des avis
Toujours pris de travers, et toujours mal suivis,
Si, montrant de l'humeur d'une telle visite,
J'avois à ce monsieur fait l'accueil qu'il mérite,
Qué fût-il arrivé? mon homme auroit couru
Conter à tous venans que je suis un bourru;
De plus d'un trait malin il eût orné l'histoire,
Et sans peine eût trouvé mille esprits pour la croire.
Je ne veux pas donner matière à rire aux gens,
Ni que l'on sache ailleurs ce qui se fait céans.
Sur moi, ni sur les miens, je ne veux pas qu'on cause.
De mon calme apparent, tu connois donc la cause :
La voix de la raison peut encor ramener
Des cœurs qu'un ton moins doux pourroit aliéner.
Enfin, si malgré moi je menace et je gronde,
Je prétends le cacher du moins à tout le monde,
Et sous un air riant, un front calme et serein,
Déguiser au-dehors ma peine et mon chagrin.
Ceux-là sont en un mot vraiment dignes de blâme,
Qui, dévoilant les torts de leur fils, de leur femme,
Apprennent au public ce qu'il doit ignorer;
Leur succès se réduit à les déshonorer.


MARCELIN.

Voilà qui me contraint à garder le silence;
Vous venez d'éclairer ma foible intelligence :
Pardonnez, je pensois, je parlois comme un sot.

C O U R V A L.

Je me contenterai d'en dire encore un mot
A madame Courval, tête-à-tête avec elle.
Toi, Marcelin, persiste avec le même zèle :
Tout ce que tu sauras, viens me le découvrir ;
C'est-là le vrai moyen.... On entre, il faut finir.

## S C E N E  I I I.

### C O U R V A L,  D E R M O N T  père.

C O U R V A L.

Ah ! c'est vous ? touchez là, mon ancien camarade ;

D E R M O N T  père.

Recevez, mon ami, cette tendre embrassade.
Mon fripon, ce matin, m'a dit votre retour ;
Vous n'avez pas chez vous fait un bien long séjour ?

C O U R V A L.

La campagne à présent n'a pas trop de quoi plaire....
Avez-vous terminé cette certaine affaire ?

D E R M O N T  père.

J'ai conclu : tout me rit, tout succède à mes vœux ;
Je pourrois m'estimer un être assez heureux :
Mon commerce fleurit, ma fortune s'augmente,
Mais mon coquin de fils me ronge et me tourmente ;
Je sais qu'on ne lui peut vraiment rien reprocher,
Et je n'en ai pas moins sujet de me fâcher.
Il n'est point libertin, point joueur, n'a nul vice,

Et cependant il met ma tendresse au supplice....
Ceci peut à la fin lasser votre amitié ;
Déja plus d'une fois je vous l'ai confié ;
Mais quand mon cœur est plein, j'ai besoin qu'il s'épanche.

COURVAL.

Qu'il se livre avec moi ; l'amitié vive et franche
Dédaigne cet apprêt et ces tons réservés
Indignes de deux cœurs si souvent éprouvés.

DERMONT père.

Eh bien, cette amitié qui dès long-tems nous lie,
Par qui tous les plaisirs, les peines de la vie,
Sont communs entre nous dès nos plus jeunes ans,
Va vous parler encor de ses chagrins cuisans.
Ce fils, le seul garçon aujourd'hui qui me reste,
Jeune homme plein d'esprit, sage, posé, modeste,
A qui je dois un jour laisser beaucoup de bien,
Majeur dans quatre mois, vit sans projets sur rien.
N'ayant point vu chez lui de goût pour le commerce,
Je ne l'ai pas pressé sur celui que j'exerce ;
J'ai voulu le placer au service, au barreau.
A chacun de mes plans toujours refus nouveau.
Il est sourd aux honneurs, il est sourd à la gloire,
Il prétend n'être rien ; et si je veux l'en croire,
L'homme juste, tranquille au sein d'un doux loisir,
Gémissant sur des maux que l'on ne peut guérir,
Doit rompre tout lien pour se conserver sage.

COURVAL.

C'est-là l'esprit du jour.

DERMONT père.

L'esprit du jour! j'enrage.

COURVAL.

Ne vivre que pour soi, fuir tout devoir gênant,
C'est des gens du bel air le système régnant.
Leurs leçons ont germé; par ces belles maximes
Ils ont ouvert la porte aux désordres, aux crimes;
Ils ont isolé l'homme et rompu les liens
Qui forment les bons fils et les bons citoyens.
On trouve au lieu d'amis, et d'époux, et de pères,
Des égoïstes durs, de froids célibataires.
Plus de patriotisme et de cœurs généreux;
Tout sentiment s'éteint : en est-on plus heureux?

DERMONT père.

Non, mon fils ne l'est point; il a l'ame sensible;
Même ,... je l'avoûrai, j'ai d'abord cru possible
Qu'un violent amour, tyrannisant son cœur,
En l'éloignant de tout, altérât son humeur.
Il ne sauroit aimer qu'une personne honnête :
Assuré de ce point, ma réponse étoit prête.
Le plus, le moins de bien, n'eût rien fait à mes yeux;
Qu'il m'eût ouvert son cœur, et je comblois ses vœux.
Mais bah! loin que l'amour ait maîtrisé son ame,
Quand je veux le presser de choisir une femme,
De me faire revivre en de petits enfans,
Qui l'attachent au monde, et charment mes vieux ans
Sur ce point-là sur-tout je le trouve intraitable;
Je menace, je prie; il est inébranlable.

COURVAL.

C'est un travers d'esprit dont je crois que son cœur
Doit souffrir le premier. Je suis observateur,

Et j'ai vu quelquefois son embarras extrême
Près d'un objet.... bien fait pour nuire à son système.

DERMONT père.

Cet objet, quel est-il ?

COURVAL.

Ma fille, et je voudrois
Avoir deviné juste.

DERMONT père.

Ah ! qu'entends-je ! je vais....

COURVAL.

Où ?

DERMONT père.

Je vais employer tout mon pouvoir de père....

COURVAL.

Mais arrêtez, Dermont.

DERMONT père.

O faveur douce et chère !

COURVAL.

Ecoutez donc un mot.

DERMONT père.

Moment délicieux !
Quoi ! tu lui confîrois ce dépôt précieux ?

COURVAL.

J'estime votre fils, mon cher ami, je l'aime,
Je l'ai suivi des yeux.

DERMONT père.

Je suis hors de moi-même.

C O U R V A L.

Il a de bonnes mœurs, de l'esprit, du bon sens,
Et je l'ai dans mon cœur choisi depuis long-tems.

D E R M O N T père.

Il pourroit se flatter d'obtenir Rosalie !

C O U R V A L.

Elle vous semble donc....

D E R M O N T père.

Adorable !... accomplie !
Ah ! que ce traître-là connoît peu son bonheur !
Mais j'en jure ma foi.....

C O U R V A L.

Ne forçons pas son cœur.

D E R M O N T père.

Le forcer ! le fripon est vraiment bien à plaindre !
On lui donne une femme aimable, faite à peindre,
Ayant tous les talens et toutes les vertus.....

C O U R V A L froidement.

Vous pouvez ajouter, avec cent mille écus.

D E R M O N T très-vivement.

Et monsieur le coquin auroit l'impertinence
De trouver cependant qu'on lui fait violence !

C O U R V A L.

Un père là-dessus ne doit exiger rien.

D E R M O N T père.

Je l'ai laissé trop libre, et je m'en repens bien ;
Mais parbleu.....

CENTER

COURVAL.

Brisons-là, je vois venir ma femme.

DERMONT père.

Je m'en vais le trouver.

---

## SCÈNE IV.

M<sup>de</sup> COURVAL, COURVAL, DERMONT père.

---

M<sup>de</sup> COURVAL.

Vous me fuyez?

DERMONT père.

Madame....

COURVAL à demi-voix.

Proposez, j'y consens ; mais sans rien commander.

M<sup>de</sup> COURVAL à part.

J'ai perdu de l'argent, je veux en demander.

COURVAL.

Dites-moi, mon ami, dois-je ici vous attendre
Pour notre promenade?

DERMONT père.

Oui, je viendrai vous prendre.

( Il sort. )

# SCÈNE V.
## M<sup>de</sup> COURVAL, COURVAL.

### COURVAL.

Puisque nous voilà seuls, je voudrois avec vous
Causer quelques momens ?

### M<sup>de</sup> COURVAL.

Volontiers.......Entre nous,
J'ai, pour ma part, aussi quelque chose à vous dire.

### COURVAL.

Vous pouvez commencer d'abord par m'en instruire,
J'écoute : nous viendrons ensuite à mon objet.

### M.<sup>de</sup> COURVAL.

C'est aujourd'hui ...... le douze.

### COURVAL.

Ah ! je vois ce que c'est.
Sur votre pension il vous faut quelque avance,
Je devois le penser ; pareille confidence
Est l'unique motif qui vous puisse porter
A m'adresser un mot, à ne pas m'éviter ;
Mais laissons le reproche ; il offense, il irrite ;
Du service qu'on rend, il détruit le mérite ;
Eh bien ! que vous faut-il ? parlez à votre ami,
Ne lui confiez pas les choses à demi,
Qu'il sache vos secrets, qu'il lise dans votre ame ;
Qui voulut plus que moi le bonheur de sa femme ?

Tenez, voila ma bourse, et ne l'épargnez pas.
Jouissez : le plaisir doit avoir des appas ;
Mais le plaisir honnête, où règne la décence,
Et que règle une aimable et sage bienséance.
Asseyons nous, venez, causons en liberté ;
Qu'avec réflexion le sujet soit traité.

M<sup>de</sup> COURVAL (à part.)

Quel ennui !

COURVAL.

Car c'est-là précisément, Hortense,
Ce qui m'a fait chercher ici votre présence.

M<sup>de</sup> COURVAL (légèrement.)

Causer debout, Monsieur, fera le même effet.

COURVAL.

Non, en parlant assis, l'esprit est moins distrait.
(Il lui avance un fauteuil, et en prend un.)

M<sup>de</sup> COURVAL (à part, s'asseyant et se reculant.)

Il va moraliser jusqu'à ce soir, peut-être.

COURVAL (approchant son siége.)

Souffrez-moi près de vous.

M<sup>de</sup> COURVAL.

Vous êtes bien le maître.

COURVAL.

Depuis combien de tems sommes-nous mariés?

M<sup>de</sup> COURVAL.

Depuis trois ans.

CODRVAL.

Fort bien. Du ton que vous aviez
Avant ce moment-là, gardez-vous la mémoire?

M<sup>de</sup> COURVAL.

Cela n'est pas, Monsieur, très-difficile à croire.

COURVAL.

Mais vous souvenez-vous quel fut notre entretien
Pendant que le notaire écrivoit?

M<sup>de</sup> COURVAL.

Non.

COURVAL.

Eh bien!
Je vais en peu de mots, vous rappeler, Madame,
Quel dessein m'animoit en vous prenant pour femme :
Ce n'est pas l'amour seul qui m'a fait votre époux ;
Des motifs plus puissans me guidèrent vers vous.
J'étois veuf, et ma fille alors n'étoit pas d'âge
A veiller avec fruit aux choses du ménage ;
Mon fils écoutant peu la voix de la raison,
Eût plutôt renversé que régi ma maison.
Mon commerce, et les soins que demande ma terre,
Occupoient au-dehors mon existence entière :
Il falloit donc quelqu'un, qui réglant le dedans,
Pût m'y représenter, et veiller sur mes gens.
Je n'ai point recherché le bien, ni la naissance ;
Je suis riche, et l'honneur d'une illustre alliance,
Malgré tout son brillant, ne m'a jamais tenté ;
Par ceux de mon état, il est trop acheté ;

J'ai cherché seulement une honnête famille.
De mon meilleur ami j'ai préféré la fille ;
Elle me paroissoit d'un modeste maintien,
Sage, douce, et je crus qu'orpheline et sans bien,
Elle me sauroit gré de cette préférence,
Et pourroit la payer de quelque déférence.
Quand je fis choix de vous, quand je formai ces nœuds,
Je crus donc le bonheur assuré pour tous deux ;
Je vous dis que mes soins vous préviendroient sans cesse,
Et crois avoir tenu jusqu'ici ma promesse.
Je vous dis que chez moi l'aisance vous suivroit,
Et qu'aucun agrément ne vous y manqueroit ;
Mais vous pouvez aussi vous rappeler, Hortense,
Que je vous demandai pour seule récompense,
De vivre sensément ; de n'avoir pas chez vous
Une société d'étourdis et de fous ;
De ne voir que des gens de bonne compagnie ;
De consulter en tout l'honneur, la modestie ;
D'éviter les excès ; de détester l'éclat ;
De ne jamais sortir enfin de votre état.
Ce fut votre promesse ; est-ce votre conduite ?
Vous recevez chez vous, on trouve à votre suite
Une foule de gens connus par leurs travers ;
Vous aimez le grand monde, en affectez les airs ;
La première toujours, dès qu'une mode arrive,
Vous étalez.....

M<sup>de</sup> C O U R V A L.

Monsieur.....

C O U R V A L.

Souffrez que je poursuive.—
Je vous vois entraînée à mille liaisons,

Qui

Qui pour l'honnêteté sont de mortels poisons.
Négligeant vos devoirs, et chez vous étrangère,
Les seuls plaisirs bruyans ont le droit de vous plaire.
On vous trouve par-tout ; vous courez jour et nuit,
Et par-tout le fracas, l'imprudence vous suit.
C'est depuis trop long-temps qu'en rougissant j'endure,
Et je ne prétends plus que ce désordre dure,
Changez donc de conduite, afin de prévenir
Un éclat que j'ai craint, mais où je puis venir.
J'ai tout dit maintenant, et vous pouvez répondre.

M<sup>de</sup> C O U R V A L.

Ce discours, je l'avoue, a droit de me confondre,
Et je n'attendois pas ce grand déchaînement,
N'ayant point mérité semblable traitement.
Quatre mots suffiront ici pour ma défense.
De quoi vous plaignez-vous, Monsieur ? de ma dépense :
Je la retrancherai. Bornez-moi, j'y consens,
Montrez-vous l'ennemi des plaisirs innocens,
Prescrivez les habits qu'il vous plaît que je porte ;
Vous serez ridicule, eh bien, soit ; que m'importe !
Mais je pense, Monsieur, qu'il me sera permis
De recevoir du monde, et de voir mes amis,
Et vous n'exigez pas enfin que je me jette
Dans les austérités d'une sombre retraite ?

C O U R V A L.

Madame, vous avez mal compris mes discours,
Ou plutôt, je le vois, vous cherchez des détours ;
A tous ces faux-fuyans votre ruse s'accroche,
Et vous ne voulez pas entendre mon reproche.
Suivez, suivez la mode, et ne l'outrez jamais ;

D

Je ne veux sur ce point reprendre que l'excès,
Et quant à vos amis, choisissez-les honnêtes,
Donnez-leur des soupés, donnez même des fêtes,
Et lorsque votre honneur y sera sans danger,
Loin de fronder vos goûts, je veux les partager.
Mais que des freluquets suivent vos pas sans cesse,
Un monsieur Dorsini, d'autres de cette espèce,
Libertins déclarés, joueurs peu délicats,
Publiant ce qu'ils font.... et ce qu'ils ne font pas;
Ma femme, ce n'est point une conduite sage,
Et je ne la saurois supporter davantage.

M<sup>de</sup> C O U R V A L souriant.

J'y vois clair maintenant; que ne le disiez-vous?
Pouvois-je deviner que vous étiez jaloux?

C O U R V A L.

Non, je ne le suis point; vous vous trompez, Hortense;
Je n'ai sur votre compte aucune défiance,
Et n'ai pas en effet de sujet d'en avoir;
Mais le public ne voit que ce qu'on lui fait voir.
Il ne peut décider que sur les apparences;
Et qui vous jugera sur vos inconséquences,
Sur le simple renom des gens que vous voyez,
Vous jugera plus mal que vous ne le croyez.

( Il se lève, et elle après. )

C'est donc sur vos amis que j'insiste, et j'espère
Que je vous trouverai prompte à me satisfaire,
Que vous empêcherez, en vous conduisant mieux,
Que je ne prenne enfin un parti sérieux.

## SCÈNE VI.

### Mᵈᵉ COURVAL seule.

Ces partis sérieux n'ont rien qui m'épouvante.
J'irois près d'un mari m'ensevelir vivante,
Quitter ce que le monde a de plus doux pour moi,
Fuir mes sociétés, mes amis! et pourquoi?
On les estime peu, dit-il : c'est leur affaire ;
Mais on n'a jamais eu de reproche à me faire ;
Je ne m'en fais aucun ; je sais comme je vis,
Et je veux m'amuser dans l'âge où je le puis.
Rien de plus ennuyeux que ces gens estimables.
Il faut pour un soupé choisir les plus aimables :
On jouit des dehors. Que m'importe le fond?
Pourvu que ma conduite.... Eh quoi, c'est vous Saint-Fons!

## SCENE VII.

### Mᵈᵉ COURVAL, SAINT-FONS.

#### SAINT-FONS.

Oui, Madame... c'est moi, c'est moi qui vous implore
Pour un objet charmant qui m'aime.... que j'adore ;
Il me faut de l'argent, et mes amis sont froids,
Tout, jusqu'aux usuriers.... tout me manque à-la-fois ;

D ij

Dans les pas que je fais, le malheur m'accompagne :
L'un pour deux ou trois jours se trouve à la campagne ;
L'autre dit, Je ne puis ; un autre, Il faudra voir :
Dermont, en qui j'avois mis mon dernier espoir,
Raisonne au lieu d'agir, et sans pitié m'étale
Les discours rebattus de sa froide morale.
Vous seule enfin pouvez, dans la crise où je suis.....

M<sup>de</sup> COURVAL.

Que vous faut-il ?

SAINT-FONS.

Beaucoup.

M<sup>de</sup> COURVAL.

Encor ?

SAINT-FONS.

Trois cents louis.

M<sup>de</sup> COURVAL.

Je ne les ai jamais possédés de ma vie ;
Je voudrois vous servir, mais, malgré mon envie....

SAINT-FONS.

Vous plaignez mon état ?

M<sup>de</sup> COURVAL.

Sans doute ;

SAINT-FONS.

Je le croi,
Je sais que vous avez de l'amitié pour moi.

M<sup>de</sup> COURVAL.

Ne vous en ai-je pas donné plus d'une preuve?

SAINT-FONS.

Eh bien.... je vais en faire une nouvelle épreuve,
Vous pouvez m'obliger.

M<sup>de</sup> COURVAL.

Qui? moi, je le pourrois!

SAINT-FONS.

Marcelin, dites-vous, est dans vos intérêts;

M<sup>de</sup> COURVAL.

En vingt occasions j'ai pu le reconnoître;
Il a, vous le savez, l'oreille de son maître;
Il est le *factotum*, l'intime, le chéri,
Mais il m'est attaché bien plus qu'à mon mari.

SAINT-FONS.

Votre crédit sur lui fait ma seule espérance.

M<sup>de</sup> COURVAL.

Je puis en disposer, parlez en assurance.

SAINT-FONS.

Je lui devrai mes jours, Madame, s'il consent
A me prêter, pendant que mon père est absent....

M<sup>de</sup> COURVAL.

Votre père est ici; vous l'ignoriez?

SAINT-FONS.

Qu'entends-je!
D iij

M<sup>de</sup> COURVAL.

Oui , depuis ce matin ; ce retour vous dérange ?

SAINT-FONS.

Il me reste un espoir ; écoutez-moi. J'ai su
Que d'un notaire , hier , Marcelin a reçu
Une somme assez forte ; il pourroit bien se faire
Qu'il n'en eût pas encor rendu compte à mon père....

M<sup>de</sup> COURVAL.

Il faut s'en informer.

SAINT-FONS.

      Ce n'est que pour trois jours
Que de son amitié j'implore ce secours ;
Dans trois jours au plus tard , je lui rends cette somme ;
Car je dois vendredi la trouver chez un homme
Absent , pour mon malheur , depuis hier au soir.
Et je perds tout ; je suis en proie au désespoir ,
Si , de quelque côté , je n'obtiens ce jour même
Les moyens les plus prompts pour sauver ce que j'aime.

M<sup>de</sup> COURVAL.

Parlons à Marcelin : on ira le chercher ;
L'état où je vous vois ne peut que le toucher.

FIN DU SECOND ACTE.

# ACTE TROISIÈME.

## SCÈNE PREMIÈRE.

COURVAL seul, une lettre à la main.

Voila ma lettre écrite ; il faut la faire rendre.
Voyons si Dorsini voudra s'y laisser prendre.
Eh ! quelqu'un !

## SCÈNE II.
## COURVAL, ANDRÉ.

COURVAL.

Saurez-vous trouver le logement
Du Capitaine Albert ?

ANDRÉ.

Sans doute, en s'informant.....

COURVAL.

Le premier matelot vous montrera sa porte,
En entrant au quai neuf ; allez avant qu'il sorte.

(Il lui donne la lettre, et André sort.)

D iv

## SCÈNE III.

#### COURVAL seul.

Ah, monsieur Dorsini, nous allons voir enfin
Si pour vous éloigner je puis être assez fin.
Je découvre quels sont les projets de ma femme;
Quelques propos lâchés m'ont fait lire en son ame :
Elle voudroit...... Allons, prévenons ce malheur,
Qu'il parte ; tout le veut : son oncle a la douleur
De lui voir préférer une indigne conduite '
Au sort où près de lui sà tendresse l'invite,
Pour le faire embarquer il m'écrit de l'aider ;
Voyons si ce moyen pourra l'y décider.

## SCÈNE IV.
## COURVAL, MARCELIN.

#### MARCELIN à part.

Pourrai-je lui causer cette douleur mortelle?

#### COURVAL.

Tu sors de chez ma femme?

#### MARCELIN.

Oui Monsieur,

COURVAL.

Que dit-elle ?

Ne me déguise rien : a-t-elle dans son cœur,
Du discours de tantôt, conservé quelqu'aigreur ?

MARCELIN.

Ah ! mon cher maître !

COURVAL.

Qu'est-ce ?

MARCELIN.

Aurais-je pu m'attendre....

COURVAL.

Tu t'émeus ; qu'aurois-tu de fâcheux à m'apprendre ?

MARCELIN.

Madame......

COURVAL.

Eh bien, Madame......

MARCELIN.

Et Monsieur votre fils......

COURVAL.

Et mon fils.... Mais quel trouble agite tes esprits ?

MARCELIN.

Il est dans l'embarras : cette fille qu'il aime
Le met depuis deux jours dans une peine extrême ;
Ayant eu vainement recours à ses amis,
Il voudroit......

COURVAL.

Il voudroit? achève, je frémis.

MARCELIN.

Croyant que de l'argent touché dans votre absence
Vous pourriez n'avoir pas encore eu connoissance,
Il me l'a demandé pour trois jours seulement.

COURVAL.

Eh bien?

MARCELIN.

J'ai répondu que depuis un moment
J'avois remis la clef. Mais, poursuit-il encore,
As-tu rendu ton compte, ou si mon père ignore
A combien cet argent peut monter?

COURVAL.

Qu'as-tu dit?

MARCELIN.

Que vous n'en étiez pas entièrement instruit;
Alors (sûr de tout rendre) il m'a fait la prière
De feindre qu'une somme est encore en arrière;
Cette clef, m'a-t-il dit, souvent en ton pouvoir,
Te permet........

COURVAL.

Il suffit. Qu'ai-je voulu savoir!

(Il s'assied la tête cachée
entre ses deux mains.)

Suis-je assez malheureux!

MARCELIN.

Mon cher, mon digne maître!

COURVAL.

Laisse-moi, Marcelin, un peu me reconnoître;
Le trait assez avant dans mon cœur a porté.

MARCELIN.

Que son sort est cruel! qu'il est peu mérité!
Que je le plains! après tant de soins et de peines,
Voir ainsi tout d'un coup ses espérances vaines!

( Le regardant avec intérêt ).

Il est anéanti...... Sous ce coup accablé.....
Ah! je m'en aperçois, j'ai trop vîte parlé;
J'aurois dû lui cacher.......

COURVAL　( Se lève subitement;
Marcelin veut le suivre. )

Non, mon ami demeure.

MARCELIN.

Permettez que mes soins.....

COURVAL.

Je reviens tout-à-l'heure.

( Il sort. )

## SCÈNE V.

MARCELIN seul.

QUEL seroit son dessein? quel mouvement subit !
Ah ! que je plains l'état où je le vois réduit !
Si son fils se doutoit du chagrin qu'il lui cause....
Quoi ! faudra-t-il toujours qu'un jeune homme s'oppose
Au bonheur des parens dont les uniques vœux,
Dont les uniques soins, sont de le rendre heureux.
Mais dois-je abandonner ce digne homme à lui-même ?
Non, je dois craindre tout de sa douleur extrême.

## SCÈNE VI.
## COURVAL, MARCELIN.

COURVAL, (avec un air calme, rencontrant
Marcelin à la porte).

Prends ma clef, Marcelin, — et la porte à mon fils.

MARCELIN.

Quoi, Monsieur, vous voulez......

COURVAL.

       Fais ce que je te dis.
Montre, en la lui donnant, toute ta répugnance
A faire un pas de plus dans cette circonstance.
Voyons quel est celui qu'il osera franchir,
Et si sa passion..... Enfin laissons-le agir.
Vas.

# SCÈNE VII.
## COURVAL, DERMONT père.

#### DERMONT père.

MON fils est sorti, mais il n'en est pas quitte;
Je prétends qu'il l'épouse, ou je le déshérite.

#### COURVAL.

J'espère qu'on pourra l'amener par degré....

#### DERMONT père.

Point, point; je vous dis, moi, que de force ou de gré,
Sans différer, j'entends, je prétends qu'il y vienne,
Et c'est ma volonté qui doit régler la sienne.

#### COURVAL.

Non, il faut avant tout consulter le penchant,
Il faut de la douceur.

#### DERMONT père, (avec force).

     Il faut être méchant.
Voilà le seul moyen de ranger la jeunesse,
Et je vois que ces gens qui gourmandent sans cesse,
Savent se conserver un absolu pouvoir,
Et contenir chez eux chacun dans son devoir.

#### COURVAL.

Qu'espérer d'un empire obtenu par la crainte?
Trop de sévérité souvent porte à la feinte.
De ses enfans bientôt, en usant de rigueur,
On perd la confiance, on se ferme le cœur.

DERMONT père.

Soyons francs ; votre exemple est-il fait pour séduire ?
Et votre fils......

COURVAL.

Mon fils ?

DERMONT père.

Là.......

COURVAL.

Que voulez-vous dire ?

DERMONT père.

Malgré vous à ce mot votre cœur s'est troublé.
Pardon, mon cher ami, d'avoir ainsi parlé,
Mais ses petits écarts ne sont pas de nature
A porter dans votre ame une vive blessure :
Il a des sentiments, et tout enfant bien né,
Après quelques erreurs est bientôt ramené.
Enfin l'âge et vos soins sauront mûrir sa tête ;
C'est un fou, si l'on veut, mais un fou très-honnête.

COURVAL.

Eh bien, voudriez-vous, mon ami, confier
Votre fille à ce fou que l'on voudroit lier ?

DERMONT père.

Quoi, si tôt ?

COURVAL.

Je le vois, mon ami me refuse.

DERMONT père.

Qui ? moi ; vous refuser ! ah ! je vous fais excuse,

Si quelque chose a pu vous le faire penser.
J'accepte, mon ami, ton fils sans balancer.
Devois-tu de la sorte expliquer ma surprise ?

C O U R V A L.

C'en est assez, ami, ce mot me tranquillise :
Ah Dermont ! pour mon cœur que ce moment est doux.

D E R M O N T père.

Qu'ils me sont chers, ces nœuds qui vont m'unir à vous
Mais.........je vais affliger votre ame paternelle.
Vous ignorez qu'il est..........certaine Demoiselle
De qui depuis deux mois votre fils.....

C O U R V A L froidement.

Je le sais.

D E R M O N T père.

Avant tout, il en faut être débarrassés,
Car ceux qui m'ont instruit, disent qu'elle a des charmes
Dont on peut concevoir de très-justes alarmes.

C O U R V A L.

Je pense comme vous.

D E R M O N T père.

Il faut donc au plus tôt
Couper racine au mal.

C O U R V A L.

Oui, sans doute, il le faut ;
Aidez-moi seulement.

DERMONT père.

Il nous sera facile.....
De la faire enlever.

COURVAL.

L'éclat est inutile ;
Par des moyens plus doux nous pourrons réussir.
Son logement se peut aisément découvrir ;
Vous irez la trouver.

DERMONT père.

Un homme de mon âge !

COURVAL.

Sera précisément plus propre à ce message ;
Beaucoup mieux qu'aucun autre il a l'art d'imposer.

DERMONT père.

Mais si l'on m'aperçoit, c'est matière à jaser.

COURVAL.

Vous êtes au dessus d'un bruit de cette espèce.
On la nomme Julie : elle est dans la détresse,
Et je sais qu'elle attend du secours de mon fils.
Il faut prendre avec vous jusqu'à deux cents louis,
Vous dire député des parens du jeune homme,
Et chargé de leur part de donner cette somme,
Sous la condition que sans délai, sans bruit,
Elle quitte la ville, et parte cette nuit,
En lui recommandant de se garder d'instruire
Mon fils de ce départ, et de jamais écrire.
Qu'il cesse de la voir, il n'y songera plus.
Je le connois.

DERMONT.

DERMONT père.

Si j'ai cependant un refus.

COURVAL.

Je ne le pense pas ; mais s'il étoit possible
Que son cœur se montrât à cette offre insensible ,
Il faut, changeant de ton , la menacer des lois,
Dire que les parens vont user de leurs droits,
Solliciter un ordre , et la mettre en un gîte
Dont elle pourroit bien ne pas sortir si vîte.
Soyez sûr, mon ami , que ces craintes....Notre or ,
A toutes nos raisons supérieur encor,
La vont rendre aussitôt à nos desirs docile.
Et que nous la saurons demain hors de la ville.

DERMONT père.

Je le crois comme vous , et je vais m'acquitter
De la commission.

COURVAL (le ramenant.)

Avant de nous quitter,
Je veux vous prévenir que pour certaine affaire ,
Je puis avoir besoin de votre ministère.

DERMONT père.

Vous n'avez qu'à parler ; puis-je savoir en quoi ?

COURVAL.

Sur Monsieur Dorsini , vous pensez comme moi ?

DERMONT père.

Oui, c'est un corrupteur , une publique peste ,
C'est une connoissance aux jeunes gens funeste.

E

COURVAL.

De sorte, mon ami, que vous verriez partir
Cet homme sans regrets.

DERMONT père.

Dites avec plaisir

COURVAL.

Il suffit.

DERMONT père.

Qu'est-ce donc? s'en va-t-il?

COURVAL.

Je l'espère.

DERMONT père.

Et j'y puis quelque chose?

COURVAL.

Il pourra bien se faire.

DERMONT père.

En ce cas, mon ami, daignez donc m'indiquer......

COURVAL.

Il faut que je le voie, avant de m'expliquer;
Et quoiqu'à son égard j'use un peu d'artifice,
Je n'en dois point rougir, car je lui rends service.

DERMONT père.

Parbleu! je rirois bien, Monsieur le freluquet,
Si l'on pouvoit rabattre un peu votre caquet:

COURVAL.

Je veux faire à-la-fois et son bien, et le nôtre.

DERMONT père.

Il a perdu mon fils, il a gâté le vôtre.
Quel est-il ? d'où vient-il ?

COURVAL.

Monsieur le Chevalïer,
A proprement parler, n'est qu'un aventurier.
Il cite fort son nom, vante fort sa naissance ;
Mais des siens et de lui, j'ai pleine connoissance.
C'est un de ces messieurs si communs à Paris,
Qui sont, comme il leur plaît, ou Comtes, ou Marquis ;
Dont les provinciaux entretiennent la bourse,
Et de qui l'industrie est l'unique ressource.
Brillans et recherchés quand le jeu les soutient,
On leur tourne le dos dès que le malheur vient ;
Classe mésestimée, et cependant reçue,
Gens qu'on garde à souper, et qu'à peine on salue.

DERMONT père.

S'il vivoit à Paris, pourquoi n'y pas rester ?

COURVAL.

Des dettes, des revers, l'ont forcé de quitter,
Après avoir lassé de plus d'une manière
Les bontés d'un parent qui vit au Fort Saint-Pierre.
Si le désœuvrement, si le gros jeu, l'ennui,
Rend ces messieurs ailleurs si fêtés aujourdhui,
Je veux chez moi du moins en détruire l'espèce :
Mais il faut commencer.......

E ij

DERMONT père.

Par chasser la Princesse,
Et j'y cours de ce pas.

COURVAL.

Quelques soins importans
Jusqu'à la fin du jour occuperont mon tems.

DERMONT père.

Quel jour ! c'est le plus beau de tous ceux de ma vie !

COURVAL.

Les nœuds qu'il va former faisoient ma seule envie ;

DERMONT père.
(Ils s'embrassent.)

Ils ravissent mon cœur, ils comblent mes souhaits !

COURVAL.

Puissent-ils rendre heureux nos enfans à jamais !

***

# SCÈNE VIII.

COURVAL seul.

Puissent-ils de mon fils ramener la jeunesse !
Dans un enfant bien né, quelle coupable ivresse !
Tirons-nous, s'il se peut, de ces réflexions,
Allons chercher ailleurs des consolations ;
Je les trouve avec toi, fille estimable et chère,
Toi ! le vivant portrait d'une adorable mère !
Viens soulager un cœur.....Je la vois s'approcher.

# SCÈNE IX.

## ROSALIE, COURVAL.

### ROSALIE.

JE vous ai vu si peu !

### COURVAL.

Vous veniez me chercher ?
Du plus tendre retour vous payez ma tendresse,
Rosalie, et vos soins charmeront ma vieillesse.

### ROSALIE.

Mon frère ainsi que moi, méritant votre cœur,
Dans ce devoir sacré trouvera son bonheur.

### COURVAL.

Votre frère !

### ROSALIE.

Saint-Fons vous révère et vous aime.

### COURVAL (avec attendrissement.)

Que ne vient-il ici me l'assurer lui-même ?

### ROSALIE.

Vous ne l'avez pas vu ?

### COURVAL.

Non, depuis mon retour.

E iij

ROSALIE.

Il l'ignore sans doute.

COURVAL.

Ah ! doit-il tout un jour
Déserter la maison ? et même en mon absence,
A ma femme, à sa sœur dérober sa présence.
(après une petite pause.)
Son ami, j'en suis sûr, agit bien autrement :
C'est un garçon sensé que j'aime infiniment,
Un garçon plein d'esprit ..... plein d'un rare mérite,
Dont on vante par-tout l'excellente conduite.
Ce jeune homme n'est point comme ceux d'aujourd'hui ;
Vous-même, .... dites moi ..... que pensez vous de lui ?

ROSALIE.

Mais je dois ...... en penser ..... ce que chacun en pense.

COURVAL.

Vous qui le connoissez dès la plus tendre enfance,
Qui l'avez vu toujours venir dans la maison,
Vous, ma fille, chez qui le bon sens, la raison,
Un discernement juste annoncent un autre âge,
Vous pouvez, ce me semble, en penser davantage.

ROSALIE.

Quand il vient au logis, à peine je le voi ;
C'est pour mon frère seul.....

COURVAL.

Ma fille, écoutez-moi....
Vous vous troublez....pour peu que ceci vous déplaise.......

ROSALIE.

Mon père.....

COURVAL.

Vous semblez être mal à votre aise ?

ROSALIE.

Non mon père, jamais, ah! jamais avec vous.

COURVAL.

Je songe, Rosalie, à t'offrir un époux.
Je puis guider ton choix, mais jamais le contraindre.
Parle-moi, mon enfant, parle-moi sans rien craindre.
Pour être deviné, n'ai-je pas assez dit ?
Je vois combler mes vœux, si ton cœur applaudit :
Le fils de mon ami va m'appeler son père,
Et l'ami de Saint-Fons va devenir son frère.
Que de biens réunis! quel avenir heureux!
Tu sauras tout; tes nœuds vont former d'autres nœuds,
Et Constance à Saint-Fons, en même tems unie,
T'offre deux fois ta sœur chez ta plus tendre amie.

ROSALIE.

Qu'un tableau si touchant a de droits sur mon cœur!

COURVAL.

A tes yeux comme aux miens montre-t-il le bonheur ?

ROSALIE.

Je ne le cèle pas, ma surprise est extrême.
Quoi! c'est.....Monsieur Dermont?.....

COURVAL.

Oui, ma fille, lui-même.
Entre son père et moi, tout est déja d'accord.

Il vient de me quitter dans le plus doux transport.
Ton consentement seul manque encore à ma joie.

( Rosalie troublée, baisse les yeux.)

Tes regards sont baissés; que faut-il que je croie?
Ton père est ton ami, parle-lui sans détours.

ROSALIE.

Mon père,.....dans mon cœur vous avez lu toujours;
Vos conseils, vos bontés et votre complaisance,
Ont au plus haut degré porté ma confiance.
Vous estimez Dermont.....vous m'unissez à lui.
Il recherche ma main....Je puis donc aujourd'hui,
Sans rougir d'un penchant qui devient légitime,
Dire....qu'il est l'objet de ma secrette estime,
Et qu'entre les époux que vous pouviez m'offrir,
C'est peut-être le seul que je pusse chérir.
J'ai pris ces sentimens dans le cœur de ma mère:
Elle donnoit Dermont pour modèle à mon frère ;
Tandis qu'accoutumée à tout voir par ses yeux,
Sa préférence aux miens le rendoit précieux.

COURVAL.

Mon choix est donc le tien? Ah ! quel bonheur extrême !
Mais j'entends quelque bruit..suspendons..C'est lui-même.

---

## SCÈNE X.

ROSALIE, COURVAL, DERMONT fils.

DERMONT fils.

Ah! Monsieur! pardonnez....

COURVAL.

Eh quoi?

DERMONT fils.

Si j'interromps.
Vous causiez, et je vais.....

COURVAL.

Restez; je vous réponds
Que vous ne dérangez en aucune manière.
( Dermont salue Rosalie.)
Avez-vous depuis peu ..... rencontré votre père?

DERMONT fils.

Non, depuis le dîné; mais je l'ai prévenu
Sur votre prompt retour.

COURVAL.

Il est déja venu.
A propos, mon ami, ne pouvez vous me dire
Ce que devient Saint-Fons?

### DERMONT fils.

Je venois m'en instruire ;
Je le cherche par-tout.

### COURVAL.

Moi je le cherche aussi.

( Rosalie avance son métier, et s'apprête à broder. )

### DERMONT fils.

Sans doute il ne sait pas que vous êtes ici.

### COURVAL.

S'il le savoit, je suis dans la ferme assurance
Qu'il viendroit m'embrasser, après trois jours d'absence.

### DERMONT fils.

Il n'en faut pas douter.

### COURVAL.

Avec nos bons amis
Tous les longs complimens doivent être bannis ;
D'après cela, mon cher, vous voudrez bien permettre
Que je passe chez moi, pour finir une lettre.

### DERMONT fils.

Ah ! Monsieur, je n'ai point....

### COURVAL.

Vous sortez, et pourquoi ?

### DERMONT fils.

Je crains.....

COURVAL.

· Ne pouvez-vous ici causer sans moi?
Rosalie, en brodant, vous tiendra compagnie.
Vous ne dérangez rien; demeurez, je vous prie.

DERMONT fils.

Mais.....

COURVAL.

Ne soyez donc pas si cérémonieux;
Restez.....si vous n'avez rien à faire de mieux.

---

# SCÈNE XI.

## ROSALIE, DERMONT fils.

---

DERMONT fils, à part (pendant que Rosalie se
met à son métier.)

Ah Dieux ! nous voilà seuls! que pourrais-je lui dire?
Pourquoi nous laisse-t-il ? Je souffre le martyre.

ROSALIE à part, brodant.

De quel trouble avec lui mon cœur est agité!

DERMONT fils, après un long silence.

Que Monsieur votre père est rempli de bonté !
Quel naturel heureux! quelle franchise aimable !
Enjoué quelquefois, et toujours respectable.

ROSALIE *cessant de broder.*

Ah ! Monsieur, tout le monde en parle comme vous ;
Quel plaisir j'en ressens ! qu'il m'est flatteur et doux,
Quand tout ce qui l'approche et l'aime et le revère,
De l'avoir pour ami, de le nommer mon père !

DERMONT fils *à part.*

Elle mêle une grace à tout ce qu'elle dit,
Dont le charme me trouble et me rend interdit.
Je n'éprouvai jamais de gêne aussi cruelle.......
*(Il s'approche.)*
Ranimons l'entretien. ——Voilà, Mademoiselle,
Un ouvrage charmant.......C'est un habit, je crois ?

ROSALIE.

Qu'il faut que je finisse avant la fin du mois :
Je le veux cet été voir porter à mon frère.

DERMONT fils.

Qu'il doit priser les dons de cette main si chère !
Heureux qui peut se voir l'objet de vos loisirs !

ROSALIE.

Ceux d'une autre, bientôt, feront tous ses plaisirs.
Mes cadeaux n'auront plus que la seconde place.

DERMONT fils.

Comment ! se pourroit-il ? Et quelle autre, de grace ?..

ROSALIE.

Quoi ! vous ignoreriez.......

DERMONT fils.

J'ignore absolument.

ROSALIE.

Quelqu'un, que vous et moi nous aimons tendrement,
Va, sans que je m'en plaigne, avoir la préférence.

DERMONT fils.

Vous et moi, dites-vous ! quoi, ma sœur ! quoi, Constance !
L'ai-je bien entendu ? se peut-il ?.... achevez,
De grace apprenez-moi tout ce que vous savez.

ROSALIE.

A mon père, le vôtre accorde une autre fille !

DERMONT fils.

Quoi ! nous ne ferons plus qu'une même famille,
Quel sera mon bonheur ! Dieux ! qu'ils me seront doux,
Ces nœuds qui vont encor me rapprocher de vous,
De vous, qui de talens et de graces ornée,
Si digne des parens de qui vous êtes née,
Devez sur tous les cœurs voir étendre vos droits !
Dans cette liaison quel charme j'entrevois !
Je vous donne une sœur, vous me donnez un frère ;
Par cet échange heureux........

## SCÈNE XII.

### ROSALIE, DERMONT fils, ANDRÉ.

ANDRÉ à Rosalie.

MADAME votre mère
Dans son appartement desire de vous voir.

(Il sort.)

ROSALIE saluant.

Permettez-moi, Monsieur, de remplir ce devoir.

(Elle sort.)

## SCÈNE XIII.

DERMONT fils seul.

DANS ces doux entretiens mon cœur est sans défense.
Ah ! pour ne pas l'aimer, il faut fuir sa présence.
La fuir ! il n'est plus tems, je cède à tant d'appas ;
Eh ! qui peut la connoître, et ne l'adorer pas ?

FIN DU TROISIÈME ACTE.

# ACTE IV.

## SCÈNE PREMIÈRE.

DORSINI.

La défiance ici peut bien m'être permise :
Oui, plus sur cette lettre à mon hôte remise,
Mon esprit réfléchit, plus il me paroît clair
Que l'on veut me bercer de quelque conte en l'air.
Tout m'est suspect; je veux approfondir l'affaire,
Et madame Courval m'y servira, j'espère.
Avant d'aller plus loin, de m'avancer en rien,
Il me faut avec elle avoir un entretien.
Justement.....

## SCÈNE II.

### M<sup>de</sup> COURVAL, DORSINI.

M<sup>de</sup> COURVAL.

Ah Monsieur !

DORSINI.

Vous paroissez émue ?

M.<sup>de</sup> COURVAL.

Votre visite ici peut être mal reçue ;
Faites-moi le plaisir, monsieur le Chevalier,
De remettre à demain.....

DORSINI.

      L'accueil est singulier !
Quoi donc ! vous me chassez ?

M.<sup>de</sup> COURVAL.

      Gardez-vous de le croire ;
Chez Lucile, demain, je vous dirai l'histoire ;
Je viens d'avoir querelle avec Monsieur Courval.

DORSINI riant.

Sur moi ?

M.<sup>de</sup> COURVAL.

      Vous en riez ?... il vous recevroit mal
Dans ce premier moment : laissons passer l'orage.

DORSINI.

Je prétends lui parler.

M.<sup>de</sup> COURVAL.

      A lui ? Soyez donc sage :
D'où vous vient cette idée ?

DORSINI.

      Il le faut.

M.<sup>de</sup> COURVAL.

      Et pourquoi ?

DORSINI.

DORSINI.

Cette lettre qu'on vient de remettre chez moi ,
Exige qu'avec lui sans délai je m'explique.

M<sup>de</sup> COURVAL.

Et d'où vous l'écrit-on ?

DORSINI.

Mais.... de la Martinique....
A ce qu'on dit.

M<sup>de</sup> COURVAL.

Comment ? n'êtes-vous pas certain....

DORSINI.

Entre nous..... je croirois qu'elle part d'une main....

M<sup>de</sup> COURVAL.

Et de qui ?

DORSINI.

S'il me faut dire ce que j'en pense,
Je suis sur cette lettre en grande défiance ;
Ecoutez , vous verrez si j'ai raison ou tort.
Mon oncle est bien malade , il est à moitié mort ,
Il est paralytique , il est dans le délire....
S'il faut m'en rapporter à ce qu'a su m'écrire
Monsieur son intendant ;  car le mal lui ravit
L'usage de sa main , comme de son esprit.
Il ne m'écrit donc point ( notez cette remarque ),
Mais l'intendant me dit qu'il faut que je m'embarque
Au plus tôt , pour aller prendre possession
Des biens dont maintenant il a la gestion ;

Biens surperbes, dit-il, biens énormes, immenses,
Et passant de beaucoup toutes mes espérances.

M<sup>de</sup> COURVAL.

Je ne découvre pas....

DORSINI.

Un moment, m'y voici :
Et quant à ce départ.... ( remarquez bien ceci. )

M<sup>de</sup> COURVAL.

J'écoute, Chevalier.

DORSINI.

Pour le rendre facile,
Vous avez, me dit-il, quelqu'un dans cette ville
Qui connoît fort votre oncle, et qui vous donnera
Les moyens les plus prompts, les plus surs qu'il pourra,
Jusques à de l'argent, comme je l'en avise :
Voyez.... monsieur Courval ; et partez sans remise.

M<sup>de</sup> COURVAL

Monsieur Courval !

DORSINI.

Lui-même ; eh bien, qu'en pensez-vous ?

M<sup>de</sup> COURVAL.

Mais....

DORSINI.

Qu'un piége, sans doute, est caché là-dessous.

M<sup>de</sup> COURVAL.

A bien examiner....

DORSINI.

Cela sent l'imposture.

M<sup>de</sup> COURVAL.

Eh ! ne pouvez-vous pas connoître à l'écriture.....

DORSINI.

Non, je n'en ai jamais reçu de cette main.

M<sup>de</sup> COURVAL.

Vous soupçonneriez donc....

DORSINI.

Que l'on a le dessein
De me tirer d'ici, qu'on m'y voit avec crainte,
Et que pour m'éloigner cette nouvelle est feinte.
Je m'aperçois fort bien que je n'ai pas l'honneur
De plaire à votre époux ; je souffrois ce malheur
Avec quelque constance et quelque force d'ame :
Souvent plaire à Monsieur, c'est déplaire à Madame,
Et jusques à ce jour, choisissant mes amis,
J'ai, par goût, préféré les femmes aux maris.
Enfin, je viens ici pour observer mon homme :
C'est de sa main que part l'avis de l'économe ;
Je crois en être sûr.

M<sup>de</sup> COURVAL.

D'où vous est-il venu ?

DORSINI.

Par un certain.... Albert, qui m'est très-inconnu.
Si j'ai sur tout cela douté de la nouvelle,

Mon doute est bien plus fort, apprenant la querelle
Qu'on est venu vous faire, où l'on s'est, dites-vous,
Sur notre liaison, mis dans un grand courroux.

M<sup>de</sup> COURVAL.

Oui, tout vient à l'appui de votre conjecture ;
Il ne vous faut donc pas risquer cette aventure.
Voyez monsieur Courval ; tâchez de démêler....

DORSINI.

Quelqué habile qu'il soit, on peut le dévoiler....

M<sup>de</sup> COURVAL.

Quoique depuis long-tems cet oncle vous appelle,
Le plaisir vous retient, la chose est naturelle ;
Mais, si cette nouvelle a quelque fondement,
Hâtez-vous de partir, héritez promptement,
Et revenez après demander Rosalie ;
Votre recherche alors sera bien accueillie ;
Je vous seconderai, moi, de tout mon pouvoir.
Chez Lucile demain nous pourrons nous revoir ;
J'ai dans ce moment-ci des visites à faire,
Il faut que je vous quitte ; à demain.

DORSINI.

Je l'espère.

---

# SCÈNE III.

DORSINI seul.

Allons voir le mari, lisons dans son regard ;
Il va m'encourager sans doute à ce départ,

Me rendre tout facile ; il va m'offrir, je gage,
Un vaisseau , de l'argent, pour faire le voyage.
L'argent, je le prendrai, car j'en ai grand besoin ;
Mais je veux voir plus clair , avant d'aller si loin....
Il vient ; nous allons donc jouer la comédie.

# SCÈNE IV.

## COURVAL, DORSINI.

#### COURVAL.

Vous êtes seul, Monsieur ? ma femme....

#### DORSINI.

Elle est sortie.

#### COURVAL.

Je ne vous offre point, en ce cas, de rester ;
Vos momens sont trop chers, pour oser me flatter......

#### DORSINI.

C'est pour vous que je viens , Monsieur.

#### COURVAL.

Vous voulez rire ;
Me ferez-vous penser qu'un vieillard vous attire ?
Un homme de mon âge a pour vous peu d'appas,
Messieurs, et c'est beaucoup quand on ne le fuit pas.

#### DORSINI.

Lorsqu'il dépend de vous de me rendre un service.....

F iij

CO U R V A L.

Parlez, si vous croyez, Monsieur, que je le puisse.

D O R S I N I.

On me l'assure au moins.

C O U R V A L.

Vous pouvez donc compter....

D O R S I N I.

Je suis venu chez vous, Monsieur, sans en douter.

C O U R V A L.

C'est fort bien fait.

D O R S I N I.

Voici ce qu'on vient de m'écrire.
Voulez-vous vous donner la peine de le lire.

C O U R V A L.

( Il lit. )

Volontiers.... Quoi ! Monsieur... mon pauvre ami d'Erbains
Ah ! que m'apprenez-vous ! ah ! comme je le plains !
Quand on est à ce point, on n'en réchappe guères.

D O R S I N I.

S'il faut sur son état croire à l'homme d'affaires...

C O U R V A L.

Triste sort ! nous étions grands amis.

D O R S I N I à part.

Grands amis.

CourVAL.

Nous nous étions liés au collége à Paris.

Dorsini.

Cela date de loin.

CourVAL.

La nouvelle m'accable.

Dorsini.

Vous le montrez assez.

CourVAL.

Quel garçon estimable !
A servir ses amis se portant avec feu.

Dorsini à part.

Qu'il est fin !

CourVAL.

Si je puis obliger son neveu....

Dorsini à part.

L'ai-je dit ?

CourVAL.

Dictez-moi ce qu'il me reste à faire.

Dorsini à part.

L'y voilà.

CourVAL.

Je suis prêt.

Dorsini à part.

La chose est-elle claire ?

( Haut. )
La lettre vous dira l'objet dont il s'agit.

F iv

C O U R V A L.

Ah! fort bien.

D'O R S I N I.

Vous allez être au fait.

C O U R V A L.

Il suffit.

( Il lit. )

D O R S I N I à part.

Il est à découvert, malgré toute sa ruse,
Et je vais lui montrer à quel point il s'abuse.
   ( Haut. )
Vous voyez qu'on m'appelle, et qu'il m'y faut courir.

C O U R V A L.

Oui.

D O R S I N I.

Qu'il me faut trouver un vaisseau pour partir.

C O U R V A L.

Sans doute.

D O R S I N I.

J'ai besoin, en faisant ce voyage,
De quelque cent louis pour payer mon passage,
Et.... satisfaire ici des gens à qui je doi.

C O U R V A L.

Cela s'entend.

D O R S I N I.

Eh bien?

C O U R V A L lui rendant froidement la lettre.

Ne comptez pas sur moi.

DORSINI.

Comment?

COURVAL.

Je voudrois fort pouvoir vous être utile ,
Mais cela me seroit aujourd'hui difficile.

DORSINI.

Quoi ! Monsieur ?

COURVAL.

Je n'ai point de place à vous offrir ;
Avant deux ou trois mois je ne fais rien partir.

DORSINI.

Je croyois......

COURVAL.

Et d'Erbains, puisqu'il faut vous le dire,
Jusqu'à présent , Monsieur , ne m'a rien fait écrire.

DORSINI.

Vous n'avez pas reçu ?...

COURVAL.

Non , je suis sans avis.

DORSINI.

Et vous ne voulez pas me prêter cent louis ?

COURVAL.

Je vous tiens surement pour un fort galant homme ,
Mais.... cent louis , Monsieur , sont encore une somme.

DORSINI à part.

Comment diable?

COURVAL.

Pardon, si je vous parle ainsi.

DORSINI à part.

Il me refuse net.

COURVAL.

Mais dans ce moment-ci....
Je n'ai pas tout l'argent que je voudrois moi-même.

DORSINI.

Vous....

COURVAL.

La guerre nous rend d'une indigence extrême!

DORSINI.

Mais....

COURVAL tirant sa montre.

Un ami m'attend, je me vois obligé
D'aller au rendez-vous.

DORSINI à part.

Aurois-je mal jugé?

COURVAL.

Vous me permettez donc....

DORSINI.

Liberté toute entière.

COURVAL *le reconduisant au fond du théâtre.*

Vous ne m'en voudrez pas de ce refus, j'espère ?

DORSINI.

Ah Monsieur ! point du tout.

COURVAL.

C'est que j'ai le défaut
De parler franchement.

DORSINI.

Et voilà ce qu'il faut.

COURVAL.

D'autres, en vous comblant de fausses politesses,
Vous diroient de grands mots, vous feroient cent promesses ;
Moi je suis de ces gens....

DORSINI.

Dont je fais un grand cas.

COURVAL.

On ne perd avec moi, ni son temps, ni ses pas.

DORSINI.

Si vous le vouliez bien....

COURVAL *revenant.*

Tenez, en conscience,
Il faut que je vous dise ici ce que je pense.

DORSINI.

Dites, Monsieur.

COURVAL.

Je vais vous parler sans détours....
Non, vous vous fâcheriez.

DORSINI.

Point.

COURVAL.

Si.

DORSINI.

Dites toujours.

COURVAL.

Et bien.... vous le voulez.... peut-être je m'abuse,
Mais ce voyage-là m'a bien l'air d'une ruse ;
En regardant de près, je crois qu'il m'est permis
De n'y voir qu'un moyen de trouver cent louis.

DORSINI.

Quoi ? vous m'accuseriez d'une telle imposture !

COURVAL.

Je vous le disois bien.

DORSINI.

Monsieur, je vous assure....

COURVAL.

Je savois que cela vous mettroit en courroux,
Mais vous l'avez voulu.

DORSINI.

Comment donc ? pensez-vous....

CO U R V A L.

Moi ! je ne pense rien, mais vous m'avez fait lire
Un billet sur lequel j'aurois beaucoup à dire.
Il vient de l'autre monde, écrit par une main
Dont je ne reconnois la plume ni le seing,
Franchement.....

DO R S I N I.

Mais, monsieur, vous me faites outrage.

CO U R V A L riant.

Monsieur le Chevalier, on dit tout à mon âge ;
Et je me ressouviens comment de notre tems,
Nous tendions nos filets aux pauvres bonnes gens ;
Mais ne vous fâchez pas, il faut plutôt en rire.
Convenez....

DO R S I N I.

C'en est trop, Monsieur, je me retire.

## SCÈNE V.

CO U R V A L seul.

Je me suis mis, je pense, à l'abri du soupçon.
Oui, je vois qu'il mordra sans peine à l'hameçon.
Dermont va m'y servir, la chose l'intéresse ;
Je me crois excusable en employant l'adresse ;
Il se déshonoroit, affligeoit ses parens,

Et c'est un vrai service enfin que je lui rends....
J'oblige en même temps plus d'un père sans doute.
Jamais mon fils.... Voici l'instant que je redoute ;
Voyons si la nature et l'éducation
Vont lutter vainement contre sa passion.
Si d'un mauvais succès mon épreuve est suivie,
Qu'au moins cette leçon lui serve pour la vie.
André.... Non, la vertu saura le garantir.

---

## SCÈNE VI.

## COURVAL, ANDRÉ.

---

COURVAL au laquais.

Ma canne, mon chapeau....

( Il se promène. )
( Le laquais lui apporte sa canne et son chapeau. )

---

## SCÈNE VII.

## MARCELIN, COURVAL.

---

MARCELIN.

Vous allez donc sortir ?
( Courval sort sans répondre. )

## SCÈNE VIII.

### MARCELIN seul.

Il ne me répond point. C'est son fils qui l'agite.
Mais quel est son projet ? Plus je cherche et médite....

## SCÈNE IX.

### SAINT-FONS, MARCELIN.

#### SAINT-FONS.

Dis-moi ? mon père....

#### MARCELIN.

Il sort.

#### SAINT-FONS.

     Ne veux-tu, mon ami,
Dans cette occasion, m'obliger qu'à demi ?
Je t'en supplie encor ; prends sur toi....

#### MARCELIN.

       Dieu m'en garde !
Non, vous avez la clef ; le reste vous regarde.

## SCÈNE X.

### SAINT-FONS, COURVAL, MARCELIN.

#### COURVAL en entrant.

J'oubliois, Marcelin, ma lettre pour Paris ?

( Il la lui remet, et Marcelin sort. )

## SCÈNE XI.

### SAINT-FONS, COURVAL.

#### SAINT-FONS.

Mon père ! ah juste ciel !

#### COURVAL bien tendrement.

Eh bonjour, mon cher fils !

#### SAINT-FONS.

Mon père.... vous avez fait un heureux voyage ?

#### COURVAL.

Très-court ; j'avois compté demeurer davantage.

#### SAINT-FONS.

Vous vous portez fort bien ?

COURVAL.

COURVAL.

Des mieux ; mais toi, qu'as-tu ?

SAINT-FONS.

Rien du tout.

COURVAL.

Je ne sais, je te trouve abattu.

SAINT-FONS.

Cependant ma santé....

COURVAL.

Tu t'en montres prodigue ;
Toujours l'esprit bouillant et le corps en fatigue.
Eh quoi ! mon fils toujours courir et s'agiter !
Il faut être de fer pour pouvoir résister.

SAINT-FONS.

Mais tous les jeunes gens font ce qu'on me voit faire.

COURVAL.

Tu veux donc, mon ami, chagriner ton vieux père ?
Il n'a pour héritier, pour tout soutien que toi,
Et tu veux l'en priver et finir avant moi ?

SAINT-FONS.

Mon père, je ne sais.....

COURVAL tendrement.

On dit que la vieillesse
Censure à tout propos, réprimande sans cesse,

G

Mais il faut convenir, d'après ce que l'on voit,
Que vous êtes, Messieurs, censurés à bon droit.
Ne peut-on s'amuser sans toutes ces folies,
Ces courses, ces excès, ces bruyantes parties ?
Passer la nuit à table, et le jour à cheval ;
Aller, pour tout repos, dormir une heure au bal ;
Se réveiller, jouer, et perdre sur parole ;
Courir, pour s'acquitter, chez un juif qui vous vole ;
Egarer sa raison dans des flots de liqueur ;
A des liens honteux abandonner son cœur ;
Périr d'ennui, bâiller, en disant qu'on s'amuse :
C'est ainsi qu'ils font tous, et que la santé s'use.

SAINT-FONS.

Pour me régler, mon père, en tout sur vos desirs....

COURVAL plus tendrement.

Je ne suis pas, mon fils, ennemi des plaisirs ;
Ils sont faits pour ton âge, ils sont dans la nature ;
Mais je veux, mon ami, qu'on fasse jeu qui dure,
Qu'on soit, pour mieux jouir, ménager de ses goûts,
De crainte, avant trente ans, d'être blasé sur tous.
Crois-en, mon fils, crois-en l'expérience et l'âge.
Encore un mot ; dis-moi, pourquoi cet équipage,
Qui montre en sa conduite un homme peu rangé ?
A sept heures du soir, pourquoi ce négligé,
Cette indécent gilet, et cette bigarrure
Qui, du haut jusqu'en bas, compose ta parure ?
Peut-on rester ainsi ! mon cher ami, je voi
Que ton laquais souvent est mieux vêtu que toi ;
Doit-on se présenter habillé de la sorte ?

SAINT-FONS.

C'est la commodité, la saison qui m'y porte.

COURVAL.

Si quelqu'autre motif.... ta bourse, par hasard,
Ne te permettoit pas.... en ce cas, fais m'en part ;
Ta pension est forte, et plus que suffisante
Pour te faire exister d'une façon décente ;
As-tu, malgré cela, quelque nouveau besoin ?
Garde-toi, mon cher fils, d'aller chercher plus loin,
De recourir jamais à quelqu'autre ressource :
Je puis fournir à tout, viens puiser dans ma bourse ;
Je te l'ai, tu le sais, plus d'une fois offert.
Viens donc à moi, Saint-Fons, demande à cœur ouvert ;
Vois le meilleur ami dans le plus tendre père,
Et donne-lui toujours ta confiance entière.

SAINT-FONS à part.

Son amitié m'accable.... ô coup inattendu !...

COURVAL à part.

Il se trouble... il s'émeut.... ah ! mon fils m'est rendu !
(haut.)
Tu ne me réponds point ? J'ai deviné, je pense.

SAINT-FONS.

Mon père !

COURVAL.

Allons, voyons, fais-moi ta confidence.

SAINT-FONS à part.

Demander tant d'argent sans en dire l'emploi !

COURVAL.

Comment ? tu ne veux pas, mon fils, t'ouvrir à moi ?
Qui peut te retenir ?

SAINT-FONS à part.

Que sa bonté me touche !

COURVAL.

Je ne puis donc tirer un seul mot de ta bouche ?

SAINT-FONS.

( à part. )     ( haut. )
Osons lui dire tout.... allons.... Mon père !

COURVAL.

Eh bien ?
Achève.

SAINT-FONS.

( à part. )  ( haut. )
Je ne puis...... je n'ai besoin de rien.
Vos offres m'ont touché, mais je vous en rends grâce.

COURVAL.

Dans un autre moment, cela peut trouver place.
( à part. )
Tous mes efforts sont vains, rien ne peut l'ébranler ;
Sortons, cachons mes pleurs qui sont près de couler.

———

# SCÈNE XII.

### SAINT-FONS seul.

Il sort ! ah ! respirons ; quelle atteinte mortelle
A porté dans mon cœur sa bonté paternelle !
Je ne le paîrai point de cet indigne prix ?
Quoi qu'il puisse arriver, le dessein en est pris ;
La voix de la vertu parle et se fait entendre.

# SCÈNE XIII.

## SAINT-FONS, DORSINI.

### DORSINI.

J'ai vu sortir ton père , et j'accours pour t'apprendre
Que Julie aux sergens voit livrer sa maison ,
Et qu'elle peut coucher ce soir même en prison.

### SAINT-FONS.

Dieux !

### DORSINI.

Le cas est urgent, mais sans perdre courage
C'est à toi de chercher à détourner l'orage.

### SAINT-FONS.

Hélas, par quels moyens ?

G iij

DORSINI.

Si tu voyois ses pleurs,
Mon ami !

SAINT-FONS.

Je vois tout.

DORSINI.

Elle est dans les horreurs;
Elle est dans un état.... qui me laisse tout craindre;
On la voit tour-à-tour s'agiter et se plaindre,
Gémir sur son destin, te nommer....

SAINT-FONS.

Me nommer !

DORSINI.

Puis.... dans son désespoir, tout-à-coup se calmer;
Mais avec un regard.... Songe que le tems presse;
Si son sort, si sa vie en un mot t'intéresse.....

SAINT-FONS.

Ah Julie !

DORSINI.

Où vas-tu ?

SAINT-FONS.

Ne me suis pas.

DORSINI.

Saint-Fons !

SAINT-FONS.

Non : demeure.

(Il sort.)

DORSINI.

Suivons-le, et nous en triomphons.

---

# SCÈNE XIV.

## DORSINI, M<sup>de</sup> COURVAL,

---

M<sup>de</sup> COURVAL l'arrêtant.

JE vous trouve à propos : je viens de chez Dormène,
Où l'on a dit (je rends ce discours avec peine,
Mais c'est pour vous presser de détruire un tel bruit),
Que Saint-Fons, par vos soins chez Julie introduit.....
Vous m'entendez, sans doute ?

DORSINI.

Une affaire importante....

M<sup>de</sup> COURVAL.

De grâce, répondez ?

DORSINI.

La chose est très-pressante ;
On m'attend, je ne puis avec vous demeurer.

---

G iv

## SCÈNE XV.

### M^de COURVAL seule.

L'EMBARRAS qu'il fait voir suffit pour m'éclairer
Sur les indignités que l'on vient de m'apprendre ;
Chez Orphise, à souper, Dormène doit se rendre ;
Avec plus de détail je pourrai tout savoir,
Et dès le même instant je cesse de le voir.
De toutes ces horreurs un peu plus tôt instruite,
Je ne me serois pas si follement conduite.
En faveur de Saint-Fons, il faut en convenir,
Je ne devois jamais.... Ah ! je le vois venir.

## SCÈNE XVI.

### M^de COURVAL, SAINT-FONS.

SAINT-FONS s'appuyant sur le bras d'un fauteuil.

MES genoux sont tremblans, la force m'abandonne....

### M^de COURVAL.

Quoi, Saint-Fons, vous auriez ?..,.

### SAINT-FONS.

Sur moi que le ciel tonne,
Si jamais.....

M<sup>de</sup> C O U R V A L.

Qu'avez-vous? vous me faites frémir.

S A I N T - F O N S.

Ce que j'ai ! ce que j'ai ! je n'ai plus qu'à mourir !
Mon père....

M<sup>de</sup> C O U R V A L.

Eh bien ?

S A I N T - F O N S.

Sait tout.

M<sup>de</sup> C O U R V A L.

Ah, j'ai la mort dans l'âme.

S A I N T - F O N S.

Oui, mon père sait tout, il est instruit, madame ;
C'en est fait pour jamais, ce jour fatal me perd.
J'entre chez lui.... Je vois son secrétaire ouvert ;
J'approche, et ce billet frappe soudain ma vue.
« A mon coupable fils.

M<sup>de</sup> C O U R V A L.

Que je me sens émue !

S A I N T - F O N S lisant.

« Puisqu'un lien fatal a pour vous tant d'appas ;
« Qu'il vous fait renoncer à votre propre estime,
« Je veux du moins vous épargner un crime :
« Acceptez.... ne dérobez pas. »

M<sup>de</sup> C O U R V A L.

Quel homme ! quel billet ! ce procédé m'accable.

### SAINT-FONS.

Foudroyé.... frémissant de me voir si coupable,
Egaré, hors de moi, j'ai voulu fuir ces lieux ;
Mais en me détournant.... j'ai trouvé sous mes yeux,
J'ai vu.... je vois encor le portrait de mon père ;
Il est-là ! son regard me poursuit et m'atterre.
Où me cacher, où fuir, loin de cet œil vengeur ?
Quand je l'éviterois.... puis-je éviter mon cœur !

# SCÈNE XVII.

### M<sup>de</sup> COURVAL seule.

MOI-MÊME je reçois une clarté nouvelle ;
A mes devoirs trahis ce billet me rappelle.
Quel époux je fuyois ! ah ! qu'il soit aujourd'hui
Mon ami le plus tendre, et mon plus ferme appui !

**FIN DU QUATRIÈME ACTE.**

# ACTE CINQUIÈME.

## SCENE PREMIERE.

### SAINT-FONS, ANDRÉ.

(André entre d'abord, et allume les bougies.)

SAINT-FONS en entrant.

A-t-on du monde ici ? Madame y soupe-t-elle ?

ANDRÉ.

Non, Monsieur est tout seul avec Mademoiselle.

SAINT-FONS.

Ils ont soupé bien tard ?

ANDRÉ.

On est près d'achever.

SAINT-FONS.

Dis tout bas à ma sœur de venir me trouver.

ANDRÉ.

Oui, Monsieur.

S A I N T - F O N S.

Parle-lui bien bas.

A N D R É.

Laissez-moi faire.

---

## SCENE II.

S A I N T - F O N S seul.

Oui, c'est un parti pris, je viens trouver mon père :
Je puis tout supporter, son mépris, son courroux,
Tout.... mais je veux du moins tomber à ses genoux,
Je veux les embrasser arrosés de mes larmes ;
Le plus vif repentir me prêtera ses armes :
Voilà mon seul espoir, ma dernière vertu ;
Je ne veux pas languir sous ma faute abattu.
Et toi, fatal objet qui m'as su rendre infame,
Toi qui pour l'égarer asservissois mon ame,
Sur tes vrais sentimens, je suis donc éclairé :
Quand je te porte un cœur honteux, désespéré,
Tu traites mes remords de frivole scrupule,
Et l'honneur à tes yeux paroît un ridicule ;
Ce lâche procédé me guérit sans retour,
Et je connois enfin quel étoit ton amour.
Ah ! ma sœur !......

# SCENE III.

## ROSALIE SAINT-FONS.

ROSALIE.

Dites-moi, pourquoi nous mettre en peine?

SAINT-FONS.

Ah que votre amitié sait bien payer la mienne!

ROSALIE.

Quoi? deux jours sans vous voir!

SAINT-FONS.

Chère sœur! désormais
Je n'en passerai plus un seul, je vous promets.

ROSALIE.

Vous savez le plaisir que cela peut nous faire,
Vous connoissez.......

SAINT-FONS.

Ma sœur, que fait....que dit mon père?

ROSALIE.

Il est triste, rêveur; il a fort peu soupé,
D'un sentiment profond il paroît occupé;

Il s'efforce à parler, puis se tait et soupire ;
Des pleurs mouillent ses yeux, quand sa bouche veut rire

SAINT-FONS.

Quel tableau déchirant ! ah que me dites vous !
Vous me portez, ma sœur, les plus sensibles coups.
A l'aspect de ses maux que je me sens coupable !

ROSALIE.

Est - ce vous ?

SAINT-FONS.

   Oui, c'est moi dont la faute l'accable ;
C'est moi qui de remords justement combattu,
Viens chercher à ses pieds mon pardon, ma vertu.
Oui, son coupable fils le cherche et le redoute ;
S'il a versé des pleurs, c'est moi qui les lui coute.
Je n'espère qu'en vous : allez vers lui, ma sœur,
Vous seule le pouvez fléchir en ma faveur ;
C'est aux charmes puissans d'une aimable innocence
Que je commets le soin de prendre ma défense.
Allez, obtenez-moi d'embrasser ses genoux,
Priez, intercédez, mon espoir est en vous.

ROSALIE.

Ah ! croyez.......

SAINT-FONS.

   Oui, je crois que tout vous est possible.

———————

## SCÈNE IV.

SAINT-FONS seul.

QUELque soit le succès, le moment est terrible.
Que lui dire ? grands dieux ! de quel front l'aborder ?
Comment, après ma faute, oser le regarder ?
Et j'ai pu devenir à ce point méprisable !
J'ai pu me porter ..... non, j'en étois incapable.
Jamais, sans le conseil d'un ami dangereux,
Je n'aurois oublié...... Voici mon père, ah Dieux !

## SCÈNE V.

### COURVAL, SAINT-FONS.

SAINT-FONS se jetant aux pieds de son père.

Je viens finir mes maux à vos pieds que j'embrasse.

COURVAL.

Mon fils.......

SAINT-FONS.

J'y viens chercher ou la mort, ou ma grâce.

COURVAL.

Relevez-vous, Saint-Fons.

SAINT-FONS.

Qui ? moi, me relever !
Quand d'un crime si noir.......

COURVAL.

Gardez-vous d'achever,
Mon fils ; je vous impose un éternel silence
Sur ce moment d'oubli : je crois, j'ai l'assurance
Que vous n'avez pas seul formé pareil dessein ;
Qu'un perfide conseil l'a mis dans votre sein.

SAINT-FONS.

Il est vrai.

COURVAL.

Tout est dit, mon cœur s'en fie au vôtre :
Evitons là-dessus de rougir l'un et l'autre ;
Ecartons cet objet, cessons un entretien
Qui nous affligeroit sans produire aucun bien.
L'honneur ne s'apprend point ; mais j'en trouve l'empreir
Dans ces cuisans regrets dont votre ame est atteinte.
J'y crois, et je me tais ; pour vous montrer vos torts,
Quelle voix peut parler plus haut que vos remords !

SAINT-FONS.

Et j'ai navré le cœur d'un si généreux père !
O que tant de bonté me rend ma faute amère !
J'en serai déchiré le reste de mes jours.

COURVAL.

Mon fils, encore un coup, cessons un tel discours ;
Qu'entre nous pour jamais ce sujet s'abandonne ;
Puissiez-vous oublier......tout ce que je pardonne !

SAINT-FONS.

SAINT-FONS.

Toutes mes actions vont tendre désormais....

COURVAL.

Je le crois.

SAINT-FONS.

Recevez le serment que je fais,
Mon père, de vous prendre en tout pour mon modèle.

COURVAL.

Point de sermens ; pour suivre une route nouvelle
Ce sont vos liaisons que vous devez changer ;
Voilà le vrai moyen d'éviter le danger.
Fuyez l'occasion, craignez l'exemple et l'âge :
Se défier, mon fils, est la vertu du sage.
Le plus ferme se perd avec les vicieux ;
Où l'honnêteté règne, on reste vertueux.
Voulez-vous être sûr de passer votre vie
Dans l'estime de tous, d'un vrai bonheur suivie ?

SAINT-FONS.

Si je le veux !

COURVAL.

Mon fils...... il faut vous marier.

SAINT-FONS.

Mon père....

COURVAL.

Cet état peut-il vous effrayer,
Lorsque tout s'unira pour le rendre agréable ?
Fortune, parenté, femme jolie, aimable,

Tout ce qui peut charmer, tout ce qui rend heureux
Va se trouver pour toi rassemblé dans ces nœuds.
Ah! quel état, mon fils, que celui qui nous lie
Par les plus grands des biens qu'un cœur sensible envie,
Ennoblit nos penchans, épure nos desirs,
Et qui dans nos devoirs fait trouver nos plaisirs!
C'est là que l'on connoît un bonheur sans mélange;
Là des soins, des égards, est un heureux échange;
Tous nos jours sont sereins, tous sont semés de fleurs,
Et les momens de peine ont encor leurs douceurs.
O tendresse! ô nature! ô devoir qui m'enflamme!
Votre cri retentit dans le fond de mon ame.
Que je plains le mortel qu'un monde dangereux
Eloigne d'un lien qui fait seul des heureux!

SAINT-FONS.

Je ne résiste plus; de votre main, mon père,
Que je prenne une épouse, elle me sera chère.

---

## SCENE VI.

COURVAL, SAINT-FONS, DERMONT père.

---

COURVAL apercevant Dermont père.

ALLEZ voir votre sœur, vous apprendrez mon choix.

(Saint-Fons veut baiser la main de son père, qui lui ouvre les bras, et il
s'y jette.)

DERMONT père à Saint-Fons, qui sort.

Fort bien, mon cher ami.

# SCÈNE VII.

## COURVAL, DERMONT père.

### DERMONT père.

COURVAL, ce que je vois
Me plaît beaucoup : Saint-Fons deviendra raisonnable.
Souper ici, causer avec vous, comment diable !
Je reçois rarement semblable honneur du mien.
Soupant toujours dehors, où ? ... je n'en sais trop rien.
Cependant je suis sûr de sa bonne conduite,
Je conviens.......

### COURVAL.

Il est plein de sens et de mérite ;
J'espère, vous voyant venir chez moi si tard,
Que c'est pour m'annoncer......

### DERMONT père.

Oui, sans plus de retard,
J'ai voulu, malgré l'heure, en ami plein de zèle,
Vous donner le plaisir d'une bonne nouvelle.
Cette femme nous quitte, et tout a réussi.

### COURVAL.

Bon !

### DERMONT père.

Elle part ce soir, pour aller loin d'ici.

COURVAL.

A merveille ! elle est donc.....

DERMONT père.

Elle est ma foi charmante ;
Ils avoient bien raison : grands yeux , brune piquante ;
C'est quelque chose encor, quand on sait bien choisir ;
Il est d'assez bon goût, il faut en convenir.

COURVAL.

Enfin vous êtes sûr qu'elle quitte la ville ?

DERMONT père.

La décider n'a pas été chose facile.

COURVAL.

Grace à l'or, cependant, le départ s'est conclu ?

DERMONT père.

Sans doute ; elle a promis tout ce que j'ai voulu.
Elle part cette nuit sans rien dire à notre homme ;
Je n'ai pas cru.....devoir.....regarder à la somme.

COURVAL.

J'approuve tout ; venons à Monsieur Dorsini :
J'ai besoin qu'avec moi vous soyez réuni ;
La chose est en bon train , le reste est votre affaire.
Ma femme ! quoi ? déja ! ce n'est pas l'ordinaire.

# SCÈNE VIII.

COURVAL, M<sup>de</sup> COURVAL, DERMONT père.

### M<sup>de</sup> COURVAL.

Ah, ah, Monsieur Dermont, vous êtes tard ici !

### COURVAL.

Mais vous y voir si tôt, c'est un miracle aussi.

### M<sup>de</sup> COURVAL.

J'ai tout quitté, j'accours vers vous, dans l'espérance
De soulager mon cœur.

### COURVAL bas à sa femme.

Songez qu'en sa présence......

### M<sup>de</sup> COURVAL.

Mes torts, vos procédés, ce généreux billet.....

### COURVAL de même.

Daignez vous contenir devant lui, s'il vous plaît.

### M<sup>de</sup> COURVAL.

Quel ami vous avez, Monsieur Dermont !

### COURVAL.

Madame !

H iij

M<sup>de</sup> C O U R V A L.

Quelle force d'esprit jointe à la plus belle ame !
Saint-Fons ainsi que moi........

D E R M O N T père.

Quoi, Saint-Fons !...

C O U R V A L.

Ce n'est rien :
Madame, finissons de grace l'entretien ;
Il est tard.

D E R M O N T père.

Serviteur, je vous gêne sans doute.

M<sup>de</sup> C O U R V A L le retenant.

Non, non, je ne crains pas qu'un ami nous écoute.
De mes engagemens je le prends pour témoin :
Oui, Monsieur, je promets.......

C O U R V A L.

Epargnez - vous ce soin ;
En quelle occasion m'avez-vous vu me plaindre ?
Je ne vous concois pas ; (bas) songez à vous contraindre.

D E R M O N T père.

Adieu.

M<sup>de</sup> C O U R V A L.

Sachez comment ce Monsieur Dorsini,
En se déshonorant, s'est lui même banni,
Et par un coup d'éclat termine l'aventure.

DERMONT père.

Quoi donc?

M^de COURVAL.

Il prend la fuite, ayant dans sa voiture
Un de ces vils objets à qui les jeunes gens
Prodiguent aujourd'hui leurs dons et leur encens;
Damis qui les a vus......

DERMONT père.

Oh, oh, si c'étoit elle !

Julie?

M^de COURVAL.

Oui, Monsieur.

COURVAL à Dermont.

Paix !

DERMONT père.

La plaisante nouvelle !

COURVAL.

Taisez-vous.

M^de COURVAL.

Vous saviez......

DERMONT père.

Qui? moi, Madame ! non.

M^de COURVAL.

Vous venez cependant de me dire son nom.

COURVAL.

Finissez, il est tems que Dermont se retire :
Avez-vous quelqu'un?

DERMONT père.

Non.

COURVAL.

Je vous ferai conduire.

M^{de} COURVAL.

Votre fils est encor dans la maison, je croi.

COURVAL.

Qui l'amène si tard.

M^{de} COURVAL.

Il soupoit avec moi;
J'attendois mon carrosse, et pour sortir plus vîte,
Je suis venue à pied; c'est lui qui m'a conduite.
Saint-Fons est survenu, comme il se retiroit;
Et s'abordant l'un l'autre avec grand intérêt.......
Mais les voici tous deux.

## SCÈNE IX, et dernière.

DERMONT fils, COURVAL, M^{de} COURVAL, DERMONT père, SAINT-FONS.

---

S A I N T - F O N S *tenant Dermont fils par la main.*

VIENS Dermont, viens mon frère,
Chacun de nous ici retrouve un second père ;
Quand vous nous choisissiez, nos cœurs vous ont choisis.
*( Courval témoigne sa surprise.)*
J'ai tout su par ma sœur.

D E R M O N T fils.

Vous voyez deux amis
Changés en un seul jour, et dont la seule envie
Est de former des nœuds qui vont charmer leur vie.

C O U R V A L *à Dermont fils.*

Oui, je suis votre père.

D E R M O N T fils.

Ah! Monsieur!

D E R M O N T père *à Saint-Fons.*

Mon cher fils,
Aime bien ma Constance, et connois-en le prix.
*( à son fils.)*
Mais à me rendre heureux quel coup du ciel te porte?

### DERMONT fils.

Sur des principes faux, l'amour enfin l'emporte.

### COURVAL.

Eh pourquoi craigniez-vous d'écouter votre cœur ?

### DERMONT fils.

Ne me rappelez point une trop longue erreur,
Ce cœur assez long-tems souffrit de mon systême.
Vos bontés, que j'apprends, me rendent à moi-même.
Mériter Rosalie, et vivre son époux,
Voilà ma seule gloire et mon bien le plus doux.

### COURVAL.

Dans son appartement ma fille est retirée,
Et je ne puis si tard en demander l'entrée ;
Il faut nous séparer, mes amis ; mais demain
Nous serons tous, je crois, levés de bon matin.
Je suis impatient d'embrasser ma Constance,

(à Saint-Fons.)

Et lis dans certains yeux la même impatience ;
Voilà ce qui s'appelle un jour assez complet.

### M^de COURVAL.

Sur tous mes sentimens vous en verrez l'effet.
Vivre avec vous, Monsieur, avec ma belle-fille,
Former des liaisons au sein de ma famille ;
C'est à quoi désormais je borne mes desirs.

#### C O U R V A L.

Ah! croyez-moi, c'est là que sont les vrais plaisirs;
Si l'on trouve au dehors des amitiés solides,
On y rencontre aussi des cœurs faux et perfides,
Qui flattent nos penchans pour leurs seuls intérêts;
Mais un père, un époux, sont toujours amis vrais.

**F I N.**

www.ingramcontent.com/pod-product-compliance
Lightning Source LLC
LaVergne TN
LVHW050629060726
842527LV00004B/1235